우리말
백마디
멋대로
사전

# 우리말
# 백 마디
# 멋대로
# 사전

윤구병 글 | 이성인 엮음

보리

# 사람 냄새가 물씬 나는 열린 사전

최관의(서울 율현초등학교 교장)

《우리말 백 마디 멋대로 사전》(이하《멋대로 사전》), 사람들이 자주 쓰는 낱말들 가운데 백 개를 골라서 윤구병 선생님 마음 내키는 대로 풀이한, 말 그대로 '멋대로 사전'입니다. 어떤 것인지 매우 궁금하지요?

선생 하면서 낱말 뜻이 궁금해서 물어보는 아이들이 많았지만, 정작 국어사전 찾아보라는 말이 쉽게 나오지 않아요. 국어사전 읽어보고 낱말 뜻이 풀리기도 하지만 풀이말들이 더 어려운 경우가 많아서요. 그래서 저는 수업 도중에 누가 물어오면 낱말을 써놓고 뜻을 말하거나 써보자고 하지 않습니다. 대신 "이 낱말을 다른 말로 쓰면 뭐라고 할까?" 또는 "이 낱말을 보면 떠오르는 생각이 있거든 뭐든지 말해볼까?"라고 하지요. 그리고는 아이들이 말하는 대로 써서 보여줍니다. 그러면 아이들이 그 뜻이 뭔지 머리에 들어온다고 해요. 뜻이 머리에 그려지면 그게 '사전'입니다. 저도 한동안 낱말의 뜻은 마치 법전에 쓰여 있는 법조문처럼, 헌법처럼 정해져 있는 거라고 착각했어요. 마치 권위자가 말하면 그게 뜻인 것처럼 믿은 것이지요.

말이나 글의 뜻이라는 게 사람마다 다르고 시대나 장소에 따라 달라집니다. 낱말은 사람마다 곳마다 때마다 달라지고 깊어지고 넓어지고 나이와 성 정체성에 따라 다르게 다가오거든요. 가진 돈에 따라 지위에 따라 하는 밥벌이에 따라서도 다릅니다. 그런데 그 낱말 뜻을 사전 한 권이나 어디 권위 있다는 국어학자가 말하는 뜻이 정답이라는 착각을 하고 있었네요.

그런데 이 《멋대로 사전》을 읽으며 사전도 문학작품이 될 수 있다는 걸 새삼 느낍니다. 세상을 보는 눈과 살아온 삶, 삶에서 얻은 깨달음이 그대로 드러나 있어요. 윤구병 선생님이 소중히 여기는 것, 두려워하는 것, 사랑하는 것, 아끼는 것, 미워하는 것, 없어져야 한다고 여기는 게 그대로 다 보이니, 이런 사전을 읽으면 그 사람이 품고 있는 게 온전히 드러나겠지요.

낱말 풀이를 차분히 읽다 보면 글쓴이 마음이 전해지면서 내 마음을 흔듭니다. 사람 사는 모습에는 관심 없다는 듯 증류수처럼 영혼 없는 뜻풀이나 하는 사전이 내 마음을 흔들기는커녕 읽히지도 않는 것과는 다릅니다.

모르다: "모르는 게 약이라고요. 모를 것투성이인 세상에서 쥐꼬리만 한 것 하나 더 안다고 으스대거나 모른다고 기죽을 것 하나도 없다고요. 그것 안다고 살길이 열리는 것도 아니고, 모른다고 저승차사 찾아올 것도 아니니, 날도 좋은데 손잡고 걷기나 합시다."

애매하거나 헷갈리는 걸 한 방에 또렷하게 가려줍니다. 군더더기

붙일 필요가 없어요.

앞 : 눈, 코, 입이 달린 얼굴이 향하는 쪽. 발이 발가락 쪽에서 내딛는 쪽. 줄이 시작하거나 움직이는 쪽

들다 : 장미란이 역기 들듯이 번쩍 드는 것이 있고 바람둥이 모텔에 들듯이 남몰래 슬그머니 드는 곳도 있어. '것'이냐 '곳'이냐에 따라 뜻 이 달라.

낱말의 쓰임새를 보여주기도 합니다. 한 낱말이 상황에 따라 오 만 가지로 쓰인다는 걸 보여주면서 읽는 사람이 그 쓰임새를 알아 놓여 있는 흐름에 알맞게 쓰도록 도와줍니다. 그러면서 은근히 압 박하는 게 있는데 자기 생각과 경험이라는 틀에 갇혀 자기도 모르 는 새 만들어진 말버릇, 생각 버릇에 묶여 살지 말라고 가끔씩 내지 르기도 합니다.

가지다 : 내가 가진 것을 내 것이라고 치자. 내가 가진 것은 얼마나 될 까? 나는 몸을 가졌다. 여기서 '몸가짐'이라는 말이 나왔겠지. 마음도 가졌다. '마음가짐'이라는 말도 있다. 내가 생각도 가졌을까? 그런데 '생각가짐'이라는 말은 왜 없을까? 생각 없이 살아온 건 아니니까 내 게도 내 생각이라는 게 있는데, 이건 내 소유(가진 것)가 아닌가?

소리 : 맨 먼저 '개소리'가 떠오른다. '소리 지른다'도 떠오른다. …… 우

리는 '소리의 벽'에 갇혀 있다. 벗어날 길이 없다. 소리는 귀만 파고드는 게 아니다. 머릿속에 스며들어 얼을 '석혀(삭혀, 썩혀)' '얼이 석은(어리석은)' 사람을 만들기도 하고, 얼간이로, 얼에 맞이 간 사람으로 바꾸기도 했다. 넋을 잃게 하거나 넋 빠지게도 한다.

사람 이야기만 하는 게 아니라 세상 사람들 생각의 흐름, 인심이 바뀌는 게 보이기도 해요. 사람들 생각의 흐름, 인심을 요즘 말로 하면 여론조사 결과이겠죠. 한두 사람이 갖고 있는 생각은 관심도 없지만 헤아리기 힘들 정도로 많은 사람이 비슷한 생각을 갖고 있다면 그건 세상을 뒤집는 힘이 되지 않을까요. 이 힘이 새로운 권력을 낳고 역사를 만듭니다. 사전에서 권력의 변화가 보인다면 지나친 말일까요? 하지만 여론조사가 쓰는 말의 뜻이 어떻게 달라지는지 과학적 방법으로 조사하는 것이고, 말속에 흘러가는 거대한 물결의 방향을 읽어내는 게 여론조사라면 사람마다 쓰는 멋대로 사전에 권력의 변화가 나타난다는 말입니다.

같다: 이 말에 맞서는 말은 '다르다'라는 건 알지? …… '아닌 것 같다' 같은 우물쭈물하는 말을 함부로 써 버릇하면 안 돼. '이'면 '이'고 '아니면(안이면)' '아니'지 '아닌 것 같다'가 뭐야. …… 우리는 '같다'는 말을 끝자락을 흐리는 말로 자주 써. 왜 그럴까? 잘라 말했다가는 다칠 걱정이 앞서서 그럴 거야. 누구에게 다칠까 봐? 힘 있는 놈들한테. 이를테면 일제강점기에는 순사나 지주에게, 왕조시대에는 왕이나 권신들에게. 그리고 요즈음에는 자본가나 그 따까리 노릇을 하는 상사에게…….

만들다: 요즘에는 아무 데나 만든다는 말을 쓴다. 사람 만든다(기른다), 돈 만든다(번다), 술 만든다(빚는다가 맞는 말이다), 밥 만든다(짓는다), …… 만들지 못할 것이 없다(망그러지지 않을 것이 없다). 쓸모없는 것도, 좋은 것이 없는 것도, 돈만 되면 만든다.

이번에는 '어머니'라는 낱말을 놓고 《네이버 사전》과 《멋대로 사전》을 비교해볼게요. 《네이버 사전》에는 이렇게 나옵니다.

어머니 1. 자기를 낳아 준 여자를 이르거나 부르는 말. 2. 자녀를 둔 여자를 자식에 대한 관계로 이르거나 부르는 말. 3. 자기를 낳아 준 여성처럼 삼은 이를 이르거나 부르는 말.

가슴에 들어와 남는 게 있나요? 나중에라도 다른 사람에게 전해 줄 말이 기억에 남지 않습니다. 《멋대로 사전》에는 75번째 낱말로 나옵니다.

어머니: 나는 어려서 어머니를 잃었다. …… 1954년에 냇가에서 겨울 빨래를 하고 돌아와 몸져눕더니 사흘 만에 세상을 떴다. 외할아버지가 도박 빚으로 열다섯 나이에 술집에 팔아넘겨 열아홉 살까지 산전수전 온갖 풍파를 겪다가 그때 열 살 위인 우리 아버지 만나 자식 아홉 낳고 고생만 하다가 돌아가신 우리 어머니. 살려고, 살아남으려고, 제 배로 낳은 새끼들 살리려고 온갖 손가락질 다 받으면서 버텨낸 어머니, 나는 이런 어머니가 낳고 기른 아들이다. 나는 죽어가는 어머니

의 쭈글쭈글한 젖가슴을 만지작거리면서 보챘다. "일어나, 일어나서 밥해줘." 참 철없는 막내둥이였다.

어떤가요? 그동안 있던 사전과는 다르지요?《멋대로 사전》은 낱말마다 글을 담는 틀과 형식이 들쭉날쭉해서 좀 어수선한 느낌이 듭니다. 또 쓸 때 머리가 맑았는지 흩어져 있었는지 집중이 되었는지 산만했는지가 보여서 사람 냄새가 나요. 이렇게 부르면 어떨까요? '사람 냄새가 물씬 나는 열린 사전', '인간적인 사전', '곳곳에 구멍이 나 있어서 읽는 사람이 그 구멍을 메우면서 읽는 사전'.

그동안 보았던 사전은 완벽한가요? 궁금하던 게 확 풀리나요? 아닙니다. 애당초 그런 사전을 바란 게 도둑놈 심보겠지요. 그래서 저는《멋대로 사전》이 좋습니다. 시는 아니지만 시처럼 읽히고 단상처럼도 읽히고 궁시렁대는 술주정처럼 들리기도 합니다. 그런데 그런 헛소리, 술주정 같은 소리를 듣는데 제 마음이 자꾸 흔들리고 변화가 일어나고 이야깃거리가 저 밑에서부터 솟아올라 와요.

《멋대로 사전》은 낱말과 글자의 뜻은 공부 많이 한 사람이 정하는 것이라는 믿음에서 벗어나자고, 사람마다 삶을 가꾸듯 낱말과 글자의 뜻을 가꾸고 다듬어가자고 이야기합니다. 먹고사느라 지지고 볶으며 지내다 문득 떠오르는 생각과 이야기를 모으면 그게 그 시대의 낱말 뜻이라는 거지요. 하늘 위나 땅 밑 또는 다른 세상에 다시는 고치고 다듬을 것 없는 영원한 뜻이 따로 있지 않다는 것, 그 사실을 깨우쳐줍니다.

# 차례

일러두기

1. 이 사전에 실린 낱말은 우리말 빈도 자료에서 자주 쓰이는 토박이말 아흔아홉 개와 한자말 한 개를 포함하여 모두 백 개입니다.

2. 이 사전의 글은 글쓴이가 자기 주관에 따라 '멋대로' 쓴 글이어서 규범 표기에 따르지 않는 경우가 있으며 입말과 비속어, '뭇산이(생명체)'나 '때데한몸(시공 연속체)'처럼 새로 만들어 쓴 말도 있습니다.

3. 올림말과 관련이 있거나 함께 읽어보면 좋겠다 싶은 올림말은 글 아래에 '⮞'로 나타냈습니다.

# 1

# 가다

한 곳에서 움직여 다른 곳으로 몸을 옮기다. '오다'와 짝을 이루는 말. "겨울이 가고 봄이 온다." "가는 말이 고와야 오는 말이 곱다."

'맛이 갔다'는 말은 상했다는 뜻이고 '마음이 간다'는 건 그쪽으로 쏠린다는 뜻이다. "이제 가면 언제 오나" '나도야 간다'에서는 떠난다는 뜻이고 "가! 가! 가! 가란 말이야!"는 겉으로는 등 떠밀지만 속으로는 붙드는 말이다.

'길 가는 나그네' "가다 못 가면 쉬었다 가지." "가기도 잘도 간다." "나를 버리고 가시는 사람은 십 리도 못 가서 발병 난다." "갈 테면 가라." "와도 그만 가도 그만." "이제 가면 언제 오나." "덧없이 흘러간다." "간다, 간다 하면서 아들 셋 낳는다." "오도 가도 못 한다." "어서 가. 다시 오지 마." "저 사람 맛이 갔어. 얼간이야." "저 사람한테 마음이 가." "걸어갈래? 타고 갈래?"

→ 78. 오다

# 2

## 가지

　'나무나 풀의 큰 줄기에서 갈라져 나간 작은 줄기'를 가리키는 말에서 비롯되어 사물의 종류를 헤아리는 말로도 쓰이게 되었다.

　'나뭇가지를 자른다.' '나뭇가지가 늘어난다.' "가지만 치지 말고 밑동을 잘라버려." "가지는 쉬려고 하나 바람이 안 잔다." "길가에 가지 잘린 나무들이 줄을 서고." "대추나무 가지에 연 걸리듯." "가지 많은 나무에 바람 잘 날 없다." '가지 친다('가지를 자른다'는 뜻과 '가지가 새로 돋아나 자란다'는 뜻이 함께 들어 있다. 사람 자르는 걸 빗대 쓰는 말이기도 하다)'

　'가지가지로 논다.' '가지가지 한다.' "한 가지 분명한 게 있다면 너는 싸가지가 없다는 거야." "이리 치나 저리 치나 매한가지야." "여러 가지 한꺼번에 하려고 하지 말고 한 번에 한 가지만 해." "이러나저러나 한가지야." "한 가지 문제를 풀면 두 가지 문제가 생긴다." "몸통은 놓아둔 채 곁가지만 건드린다." "가짓수만 많지 먹을 게 없다." "뿌리 내리고 싹이 터야 줄기도 생기고 가지도 친다." "바람이 가지를 때리면 줄기도 흔들리고 뿌리도 들 썩인다."

# 3

# 가지다

내가 가진 것을 내 것이라고 치자. 내가 가진 것은 얼마나 될
까? 나는 몸을 가졌다. 여기서 '몸가짐'이라는 말이 나왔겠지. 마
음도 가졌다. '마음가짐'이라는 말도 있다. 내가 생각도 가졌을
까? 그런데 '생각가짐'이라는 말은 왜 없을까? 생각 없이 살아온
건 아니니까 내게도 내 생각이라는 게 있는데, 이건 내 소유(가진
것)가 아닌가? 그런데 이것만으로는 참 초라하구나. 마음은 늙기
를 마다하나 나이가 여든에 이르다 보니 몸은 늙어빠지고 생각
도 낡아빠졌다. 늙은 몸뚱이, 낡은 생각이 내가 가진 모두란 말
인가? 아니지. 그 밖에도 나에게는 가진 것이 많지. 그래서 남부
럽지 않지. '가졌다'기보다는 '있다'고 해야 말이 더 알맞겠지만.
나는 자식들도 가졌다(내게는 자식들도 있다). 벗들도 가졌다(벗들도 있
다). 내가 사랑하는 사람들, 나를 사랑하는 이들도 가졌고(있고),
덤으로 나를 싫어하고 미워하는 사람도 가졌다(있다). 재산? 많지.
어마어마하게 많이 가졌지. 이 세상 사람들이 저마다 '내 것'이라
고 우기는 것만 빼고는 다 내 것이니까. 하나님, 부처님, 알라, 칠

성님, 조왕님, 옥황상제 다 내 소유 목록에 들어 있으니까. 내가 가졌으니까. 제정신 가지고 하는 말이냐고? (이 나이에 제정신이겠어? 알아서 들어.) 내 몸이 누리는 것, 내 마음에 깃든 것, 내 생각의 울타리 안에 있는 것을 모두 내가 가진 것이라고 치면, 비록 늙고 낡고 허술한 것이라 치더라도 부러운 것이 없다는 것만은 틀림없다.

누가 무엇을 얼마나 가졌느냐는 생각 나름이고, 마음가짐 나름이다. 누군가 온 누리를 가졌다 치자, 그걸 다 챙기고 갈무리하고 헤아리고 쌓아두려면 넋이 나가고 얼이 빠지겠지. 죄다 하나님 거라고? 알라 거라고? 그래서 하나님 자식들과 알라 자식들이 가진 것을 서로 빼앗기지 않으려고 박 터지게 치고받고, 죽이고 죽는 것 아니겠냐고? 살아 있는 하나님과 알라가 서로 제 새끼들을 두둔하는 것 아니겠냐고? 그렇다면 하나님도 미쳤고 알라도 돌았다. 그러나 내가 내 마음에 가진(모신) 하나님과 알라는, 그리고 옥황상제나 염라대왕까지도 이제 갓 태어난 젖먹이와 다름없다. 세상 물정 모른다. 알더라도 넓디넓은 이 하늘 아래 티끌의 티끌보다 더 작아서 하늘만큼 큰 왕방울 눈을 가지고 있더라도 눈에 띄지 않을 이 땅별에는 눈곱만큼도 눈길 갈 일이 없을 게다. 하물며 그 안에서 꼬물거리는 그 많은 산 것들 가운데 사람 새끼, 그 새끼들 가운데 이놈과 저년만 고르고 골라 내가 가진 내 새끼들이라고 따로 챙기지는 않을 것이다. 우리는 가진 놈을 '있는 놈'이라고 부르고 못 가진 놈을 '없는 놈'이라고 부른다. 있는 놈, 가진 놈만 잘사는 세상. 맞다. 없는 놈, 못 가진 놈은 있는 놈 눈에는 보이지도 않아서 투명 인간 취급받는 세상. 맞다.

그러면 어떻게 해야 하는가? 있는 놈들이 가지고 있는 것은, 저 사는 데 없어서는 안 될 것 몇 가지만 빼면, 죄다 '없을 것', '없애야 할 것', 쓰레기 더미다. 그것 치워야, 없애야 그것들도 살아남을 수 있다. 그놈들이 가진 것이라고 으스대는 것 가운데 군더더기가 아닌 것은 눈 씻고 찾아보아도 몇 개 안 되기 때문이다. 거꾸로, 없는 놈들 눈으로 보면 그 쓰레기, 그 군더더기들은 저들에게는 '있을 것', '있어야 할 것'이고, 빼앗기거나 도둑맞은 것들이다. 되찾아와야 한다. 그래서 알뜰하게 되살려내야 한다. 그것들로 주린 배를 채우고, 헐벗은 몸을 감싸야 한다. 고른 세상에서 골고루 잘살자면 있을 것은 되찾거나 새로 마련해야 하고, 없을 것은 없애거나 고쳐서 있을 것으로 바꾸어내야 한다. 고루 나누어 가져야 한다. 이 말이 틀렸는가?

→ 24. 돈, 32. 땅

# 4

# 같다

이 말에 맞서는 말은 '다르다'라는 건 알지? ('틀리다'는 '맞다'에 맞
서는 말이야.) '같다'라는 말은 '비슷하다, 닮았다'는 말과는 결이 달
라. 판박이라는 말이야. 이 말은 우리가 늘 쓰는 말이기도 하지
만, '철학적'으로도(특히 서구 철학에서 그리스 시대부터) 알맹이 말이야.
플라톤은 '같음(tauton)'을 '다름(heteron)'과 맞세워 '같다'는 말을 '있
다, 이다' 쪽에 놓고 '다르다'는 말을 '안 있다(없다), 아니다' 쪽에
놓았어. '어, 이게 아닌데.' '이거 딴판인데.' "이건 기고 저건 아니
야." 이런 말을 '철학적'으로, '우주론적'으로 파헤치고 싶어 하는
사람에게는 플라톤의 대화록 가운데 《티마이오스》 편을 보라고
일러주고 싶어.

'아닌 것 같다' 같은 우물쭈물하는 말을 함부로 써 버릇하면
안 돼. '이'면 '이'고 '아니면(안이면)' '아니'지 '아닌 것 같다'가 뭐야.
똑 부러지게 말하면 어디 덧나? 구린 구석이 있어? '아닌 것'은
같은 게 아냐. '다른 것'이지. (히히, 혼났지?) 그런데도 우리는 '같다'
는 말을 끝자락을 흐리는 말로 자주 써. 왜 그럴까? 잘라 말했다

가는 다칠 걱정이 앞서서 그럴 거야. 누구에게 다칠까 봐? 힘 있는 놈들한테. 이를테면 일제강점기에는 순사나 지주에게, 왕조시대에는 왕이나 권신들에게, 그리고 요즈음에는 자본가나 그 따까리 노릇을 하는 상사에게…….

"그건 아닌 것 같은데?" 말 똑바로 하라고. 말끝을 흐려도 '있는 것 같은데', '인 것 같은데'는 참아줄 수 있어. '없는 것 같은데', '아닌 것 같은데'라는 말끝은 '종놈'이나 쓰는 말버릇이야. 입 닥치라고? 그래, 윗입술 아랫입술 재봉틀로 드르르 꿰맬게. 이제 속이 좀 풀려? '그런 것 같다'고? 못 말리겠군. 말버릇이라는 게 그래. 한번 익으면 좀처럼 고치기 힘들어. 그러려니 하지 뭐. 그렇지만 다른 걸 '같다'고 말꼬리 흐려야 살아남을 수 있는 세상이라니 얼마나 막돼먹은 세상이야? 거꾸로 뒤집힌 세상이지. 이거 바로 세우지 않으면 우리에게 내일은 없어.

→ 23. 다르다

# 5

# 것

"이것저것 가릴 것 아니라 할 것 하면 될 것이다." 여기서 '이것저것'은 서로 다른 무엇을 나타내는 말이고 '가릴 것, 할 것'에서 '것'은 일을 두루 일컫는 말이다. '것이다'는 말끝에 덧붙이는 군더더기인데 우리나라가 일본의 식민지가 되었을 때 부쩍 이런 말끝이 늘었다. 말끝을 흐리는 버릇은 탈 잡히지 않으려는 몸부림 가운데 하나다.

'것'은 우리말 자료를 모은 말뭉치에서 가장 많이 나오는 말 가운데 하나라는데, 써야 할 데 안 써도 될 데 가리지 않고 쓰는 탓이다. "이 일 저 일 가리지 말고 할 일 하면 된다." 이렇게 '것'을 빼고 쓰면 오히려 말뜻이 더 또렷해진다.

'것'은 '갓, 긋(글), 곳, 겉'과 같은 뿌리에서 나온 말이다. 우리말에 '겉만 보인다'고 하는데 이는 어떤 모습을 눈으로 볼 때는 '겉'을 보고서 알게 된다. 무엇이든 끝나는 지점이 '것'이다. 이어져 있으면 아무것도 보이지 않는다. 끊어져 있어야 보인다. 예를 들어, 녹음기가 책상에 있을 때, 둘을 다르게 보는 것은 겉모습이다. 겉모습이 같으면 같다고 말한다. 책상도 겉만 보이지, 속은 보이지 않는다. 속을 보려고 나무를 자르면 속이 겉이 되어 드러난다. 무엇(물질)을 알기 위해 자르고 자른다. 또는 쪼개고 쪼갠다. 이것저것을 잘 알려면 쪼개봐야 한다.

# 6

# 곳

자리나 장소를 나타내는 '곳'은 '고'에서 나왔고 '고'는 솟아오른 데를 가리키는 말이다. 사람 얼굴에서 솟아오른 것이 '고(코)'다. '높을 고(高)'라는 한자어를 빌어 표기되어 있으나 '고구려'나 '고려'에서 '고'는 본디 우리말이었다. 마찬가지로 우리 몸에서 솟아오른 부위를 '젓(젖), 좃(좆)'이라고 부르는데, 'ㄱ→ㅈ, ㅗ→ㅓ'로 바뀐 것뿐이다. (받침 'ㅅ'이 'ㅈ'으로 바뀐 것은 1933년에 조선어학회에서 본디 'ㄱ, ㄴ, ㄷ, ㄹ, ㅁ, ㅂ, ㅅ, ㅇ' 여덟 글자만 받침으로 써도 된다고 한 《훈민정음》의 뜻을 어기고, 받침 수를 늘린 결과다.) 다시 말해서 '고→곳'으로 바뀌었다고 추정할 수 있다. 우리나라는 산이 많아 높이 솟은 데가 많았으므로, '곳'이라는 말이 널리 쓰인 것은 '고개'와 마찬가지로 자연스러운 일이었다.

살기 좋은 곳을 찾아 이곳저곳 기웃거리다 보면, 옛날에는 풍수쟁이들이 하던 짓을 요즘에는 땅 투기꾼들이 도맡아 하고 있다.

# 7

## 그

'그 사람, 그것, 그곳, 그때, 그 일'처럼 말하는 사람과 듣는 사람이 함께 알고 있는 어떤 대상을 가리킬 때 쓰는 말. '그제'는 이제와 어제보다 더 앞선 때. '그곳'은 여기와 저기에서 떨어진 곳. '그'와 '그녀'는 영어(불어, 독일어도 마찬가지)의 대이름씨(대명사) 가운데 3인칭 단수를 가리키는 'he'와 'she'를 일본인들이 '카레(彼)', '카노조(彼女)'라고 쓰기 시작하면서 우리말에 뒤늦게 끼어든 말이다.

우리말에서는 '그 사람, 그 남자, 그 여자, 그 아이'라고 하지 '그'나 '그녀'를 쓰지 않았다. 아니, 굳이 대이름씨를 쓰지 않고도 얼마든지 말을 하고 글을 쓸 수 있었다. 같은 글에서 똑같은 낱말이 되풀이되는 것을 유난히 싫어하는 영어와 달리 우리말은 똑같은 이름씨를 되풀이해도 전혀 상관하지 않는다. 그러니 굳이 어색한 '그'나 '그녀' 같은 말을 대신 쓸 필요가 없다.

➜ 83. 이

# 8

# 기쁘다

기분이 매우 좋다. '즐겁다'도 기분이 좋은 상태를 가리키지만 좋아하는 일을 하면서 느끼는 기분이라면, '기쁘다'는 바라던 일이 이루어지거나 좋은 일이 생겼을 때 느끼는 기분이다.

우리 할배들은 '긴브다'라고 적었다. "긴븐 듯이 그 마누라더러 일러 가로되"《동국신속삼강행실도》 그리고, 요즘 말 '깃들이다'를 '긴드리다'로 썼다. '긴(짓)'은 새 날개에 달린 털이다. '깃들다'는 말은 둥지 속에 들어간다는 뜻을 담고 있다. 사람으로 치면 집에 들어가는 것이다.

'이쁘다, 밉다'라는 말에서 볼 수 있듯이, '브다'나 'ㅂ다'는 '같다, 닮았다, 비슷하다'를 나타내는 말꼬리(어미)다. 그러니 '긴브다(기쁘다)'는 말은 '깃과 같다' '둥지 속에 들어간 것 같다'는 뜻을 담고 있고, 사람에게 빗대면 '집에 있는 것 같다'와 어슷비슷한 말이다. 하루 종일 고된 일에 시달리다가 여우 같은 아내와 고슴도치 같은 새끼들이 기다리는 둥지로 돌아왔으니 이보다 더 기쁜 일이 어디 있겠는가.

# 9

# 길

누가 나에게 이제까지 본 영화 가운데 가슴에 남는 것 하나만 들라면, 나는 〈길(La strada)〉이라고 하겠다. 본 지가 하도 까마득해서 감독이 누구였는지 이름도 생각 안 난다. 그러나 남자 주인공과 여자 주인공 이름은 잊히지 않는다. 짐승 같은 차력사 잠파노와 가난한 집에서 입 하나 덜려고 헐값에 팔아넘긴, 열다섯 살도 채 안 되어 보이는 어리고 여린 계집애 젤소미나. 이들은 '길 위의 인생'이다. 젤소미나는 잠파노에게 학대를 받으며 고물 트럭에 실려 길에서 길로 떠돈다. 그러다 젤소미나가 실성하자 잠파노는 잠든 젤소미나를 두고 떠나버린다. 여러 해가 지나서 젤소미나가 죽었다는 소식을 듣고 잠파노는 바닷가에 주저앉아 땅을 치며 엎드려 운다.

가난한 학생 시절에 본 영화다. 대학생이 어떻게 가난할 수 있냐고? 가난했다. 학원 장학회(학원사 김익달 사장님이 가난한 학생들을 뽑아 등록금을 대주던 고마운 단체)에서 등록금은 나왔으나 교복을 마련할 돈도 없었고, 하다못해 구두 사 신을 형편도 안 되었다. 길거리에서 한겨울에 싸구려 덤핑 책을 팔았다. 카바이드 등에 불을 켜고 오가는 얼굴들을 애걸하는 표정으로 지켜보던 나날. 머리는 종로5가 뒷골목에 있는 미용 학원에서 깎았다. (실습생들의 실습 도구로 내 머리를 제공하는 대신에 버젓한 이발소에서 받던 요금의 10분의 1만 내고 깎을 수 있었다. 번번이 실수하는 학원생 손에 머리 모양이 이상해질 때마다 "아예 박박 밀어주슈" 할 수밖에 없었고, 그래서 나는 "그, 고무신 신고 머리 민 윤 브린너 말야. 그 자식 철학과 다닌다고 되게 재데. 교복도 안 입고, 배지도 안 달고……" 하는 비아냥을 귓결에 들었다.)

이야기가 어쩌다 빗나갔다. 나도 그때까지 길 위의 떠돌이였다. 시골 고샅길 옆에서 태어나 자라다 잠깐 서울살이를 하던 끝에 6·25가 터져서 다시 피난민으로 이 시골 저 시골을 떠돌면서 살았다. 시골길은 아주 좁고 구불구불하다. 수레도 차도 다니지 않던 때니. 농사꾼들은 한 뼘이라도 땅을 아끼느라 논둑길, 밭둑길을 겨우 소나 사람 하나만 지나다닐 수 있게 좁혀 놓았다. 신작로(요즘 이름으로 국도나 지방도로)라는 게 식민지 조선에 군국주의 일본의 강요로 농어민 수탈용으로, 군용으로 군데군데 뚫리기는 했으나(이 길은 일본 순사들의 감시 아래 인근 마을의 주민들이 노역 봉사로 제 땅 깎아 만들고 보수했다) 길다운 길이 없던 시절이었다. 식민지 백성들이 '집체적'으로 '수도(길 닦음)'하고 '득도(길 얻음)'하도록 내몰리던 때.

군국주의 일본의 만주군 장교 박정희가 쿠데타를 일으키고 대통령에 당선되어 '조국 근대화'를 위하여 경부고속도로를 놓던 1960년대 후반부터 이제 길 닦고, 길 얻는 일은 불도저나 포클레인 같은 기계에 맡겨졌다.

깊은 산속 높은 곳에 들어앉은 조그마한 암자에조차도 '수도'하고 '득도'하는 건 참선하는 스님들이 아니라, 불도저와 포클레인이다. 스님들도 근대화되어 시멘트나 아스팔트로 포장된 그 길을 자가용 승용차를 몰고 다닌다. 그만하자. 식민지 시절에 태어난 늙은이가 무슨 말을 해도 못 알아들을 테니까.

# 10

# 꽃

꽃은 어디에나 있다. 가정집 베란다에도 있고, 초파일 절집에도 있고, 묘지나 봉안당에도 있다. 나라마다 내세우는 나라꽃도 있다. 그만큼 꽃은 언제 어디서나 사랑을 받는다.

꽃은 말뿌리가 '가시'에 닿아 있다. '여자'의 우리말은 '가시'다('가시버시→여자와 남자→부부'). '각시'라는 말도 여기서 나왔다. '화랑'의 우리말은 '가시나'였다('화랑도'는 '가시나 떼'). 본디 가시나 무리들이(그냥 가시나가 아니라 신라 상류층 처녀들이었다) 떼 지어 놀기도 하고 요즘 말로 문화 행사나 사회봉사도 했다. '원화(본각시)' 사이에 다툼이 일어나 가시나를 머스마로 바꾸었다는 기록은 역사 왜곡으로 볼 수 있다. 신라(해나→새라→서라벌)가 지배 계층의 머스마들을 싸움터에서 앞장세우기 위해서 '화랑'을 '문화'에서 '무력'으로 재편했다는 것이 사실에 가깝다.

다시 꽃으로 돌아가자. 우리가 흔히 꽃으로 부르는 것은 어디에서나 핀다. 산에서도 피고, 들에서도 피고, 물 위나 온실에서도 핀다. 봄, 여름, 가을, 겨울, 철을 가리지 않고 핀다. 꽃이 지면 열매가 맺는다.

〈용비어천가〉에 나오는 "곶 됴코 여름 하나니"는 곧이곧대로 "꽃이 보기 좋고 열매가 많으니"로 해석할 수도 있으나, "가시가 좋으면 아이를 많이 낳을 수 있으니"로 풀이할 수도 있다(가시→곳→꽃). 좋은 각시를 가리는 이항복(오성) 나름의 기준 첫째, 이가 튼튼해야 한다. 그래야 거친 남새도 씹어 삼킬 수 있다. 그래서 건강을 지킬 수 있다. 둘째, 궁둥이가 크고 빵빵해야 한다. 그래야 쉽게 아이를 낳을 수 있다. 요즘 말로는 골반이 크고 탄탄해야 한다는 뜻이겠지. 이 선별안을 오성이 어디에서 얻었느냐고? 기록에 따르면 우시장의 거간꾼이 귀띔해준 말이라고 한다. 웃자고 한 이야기니 바락 하지 말기를. 아, 기록에 나와 있다니까. 꽃에 비겼다고 삐지는 꽃(가시)이 없기 바란다. 어떤 이들은 여자를 꽃에 견주는 것에 눈살을 찌푸릴지 모르나, 이것은 우리말 어원을 모르는 탓이다.

# 11

# 꿈

"잠을 자야 꿈도 꾸지." "꿈도 꾸지 마." "잠깐 꾸어온(빌려온) 꿈이야." "꿈보다 해몽이지." "꿈결 같다." "그래도 꿈을 잃어서는 안 돼." "꿈같은 소리." '한낮 꿈(백일몽)' "잠 못 이루는 사람의 꿈이 뭔지 알아?" "꿈도 꿈 나름이지."

모두가 꿈을 꾼다. 자면서도 꾸고 깨어서도 꾼다. 밤낮없이 꿈꾼다. 벼락부자가 되는 꿈, 블랙핑크가 되는 꿈, 셀럽(유명인사)이 되는 꿈, 중국몽, 아메리칸 드림……. 다들 꿈에 빠져 있다. 취생몽사(취해서 살고 꿈꾸며 죽는다). 제정신이 아니다. 꿈에 본 고향산천은 온데간데없다. 아스팔트 길바닥에는 비루한 꿈들이 널려 있다. 어슷비슷한 꿈들. 돈 꿈. 꿈에도 돈, 꿈 깨도 돈. 동강나고 부스러진 꿈의 잔해들. 그 꿈속에서 가위눌리면서 허위허위 살아간다. 살아간다는 게 온통 악몽뿐이다. "꿈자리가 사납다." "꿈에서는 그렇게 이뻤던 네가 이제 노는 꼴을 보니 이렇게 밉네." 꿈과 현실, "네 꿈을 갈피갈피 뒤져도 그 속에 나는 없다." 꿈의 탈을 쓰고 나타나는 무의식 또는 잠재의식 따위는 《꿈의 해석》

을 쓴 프로이트에게 맡기자.

　털어놓고 말할까? 너와 자는 게 내 꿈이다. 더러운 꿈이라고? 쉰 해도 더 전에 읽었던 그레이엄 그린의 단편소설 이야기 하나 할까? 새로 사귄 '여친'과 함께 제 고향을 찾은 남자가 있었어. 문득 어릴 적에 좋아했던 여자애에게 쓴 편지를 그 애 집 문설주 빈틈에 꽂아놓았다는 생각이 나서 손을 넣어 뒤졌더니, 그 종이쪽지가 잡힌 거야. 그 안에 쓰인 글이 뭔지 알아? "너랑 자고 싶다"였다지. 얼굴이 화끈 달아오른 사내가 여친 모르게 그 편지를 박박 찢어버리고 나서 뒤늦게 깨달은 게 뭐게? '그사이 내가 이렇게 타락했구나'였대. 더 말 안 할게. 꿈이 더러운 게 아니야. 더럽혀지는 거지. 오늘은 이만.

# 12

# 나

'얼'이 머리통 안에 깃들면서 여기저기 '굴'을 타고('얼굴', 이 안에는 귀와 눈, 코, 입이 자리 잡고 있다) 가슴에 넋이 뛰노는 이 몸. 나는 남이나 우리와 갈라서 있으면서도 이어져 있기도 한, 그러면서 살아 숨 쉬는 사람으로서 이 몸이다. 저마다 홀로이름씨(고유명사)임을 내세우는 '나'는 너도 나도 저를 가리켜 '나'라고 부르면서 두루이름씨(보통명사)가 되는 데도 저마다 다른 '나'를 '남'이라고 부른다.

"나는 나다." 이 말은 히브리 성서에서 하느님이 자기가 누구인지 밝힐 때 한 말이다(출애굽기 3:14). "나는 생각한다. 그러므로 나는 있다(Cogito, ergo sum)." 이 말은 철학자 데카르트가 스스로 보고 듣고 느끼는 것들이 실제로 있는지 의심하다가 끝내 의심할 수 없는 '나'를 '생각하는 나'에서 찾고 나서 한 말이다. 부처는 '참나'를 찾아 헤매는 사람들에게 "나는 없다"고 잘라 말하기도 했다.

➡ 17. 너, 80. 우리

# 13

# 나다

이 추운 겨울철 나고 나면, 무더위 지나고 나면, 꽃샘바람 그치고 나면, 구름 걷히고 나면, 그러고 나면 그다음엔 뭐가 나와? 아무리 보고 나도 또 보고 싶다. 듣고 난 뒤에도 알 수가 없어. 맛보고 난 뒤에, 냄새 맡고 난 뒤에, 알아보고 난 뒤에, 자꾸자꾸 미루고 난 뒤에, 안달이 나서 다 뒤집어 보고 나니, 아무래도 냄새가 나. 이러다 일 나겠어. 큰일 났네. 알고 나니 나자빠지겠어. 난리 나겠네. 바람난 서방이 다시 돌아와 겨우 가슴 쓸어내리고 나니, 이번에는 또 딸년이 정분이 나서 불난 데 부채질하네. 인물 났네, 인물 났어. 내 인내심도 바닥났어. 거칠 것 거치고 나서. 허가가 나야 내 면도 나지, 자네 얼굴에서 빛이 나네. 한강에 배 지난 거 어디 표가 나? 들통나려면 나라고 하지. 새싹이 나고 나서 마음 놓았더니 큰물이 나서 싹 쓸어갔어.

마음 난 김에 같이 나들이나 가세. 곰팡이가 난 집에서 한여름 났더니, 살갗 여기저기에 뾰루지가 났어. 온 마을에 소문이 났어. 물레방앗간에서 씩씩거리는 소리가 났다고. 내 한바탕하고 나야 속이 풀리겠네. 그러다 속병 나겠어.

하긴 그 녀석 잘나긴 잘났지. 못난 년 어디 가서 하소연할꼬. "나를 버리고 가시는 님은 십 리도 못가서 발병이 난다." 그렇게 흥얼거리고 나면 기운이 나? 이거 신나서 부르는 노래가 아니야. 어어, 솥에서 김이 나는데 밥 먹고 나서 또 한바탕하자. 주저리주저리 쓰다 보니, 끝날 것 같지 않다. 이만. '들다'에 짝을 이루는 '나다'만 있는 것 아니고, '나다'의 쓰임새는 쌔고 쌨다. 이러다가 배탈 나는 것보다 더 큰 탈 나겠다.

# 14

# 나이

"나이 들었으면 나잇값을 해야지." "나이 처먹었으면 나잇값
좀 해." 같은 말인데도 다르다. 가는 말이 고와야 오는 말도 곱다.
아니 거꾸론가? 나잇값? 저마다 나잇값을 한다(사람 빼고). 하루살
이도 제 나잇값 한다. 입이 비뚤어져서 먹지 못해도 짝을 짓고
후손을 남기고 죽는다. 고마할머니(하늘)인지 마고할미인지 몰라
도 뻥튀기로 태어난 지 138억 년이라는데, 나는 그 나름으로 나
잇값을 하고 있다고 믿는다. 크나큰 우주에 견주면, 하늘로 쏘아
올린 허블 망원경의 왕방울 눈으로 보아도 바늘 끝만큼 작아서
거의 보이지 않을 만큼 작다는 이 땅별(지구)도 40억 년이 넘는
동안 나잇값을 했다고 여긴다. 지질학적 연대기, 생물학적 연대
기에 따르자면, 그사이에 얼마나 많은 것들을 살아가게 했는가.
그 품 안에 안고 길렀는가. 하다못해 사람까지 품어 안았다. (내가
고마할매나 땅별어매였다면 다른 어떤 괴물을 만들어내더라도 사람 종자는 안 만
들었을 거다.)

내 나이가 되면 노망들지 않더라도 눈치가 없어진다. 그래서

나처럼 못된 늙은이, 나잇값은커녕 밥값도 아까운 까칠한 늙은이가 되어 입에서 나오는 대로 아무 말이나 내뱉고, '오늘 죽어도 자연사인데 뭐' 하고 시치미를 뗀다. 그러니 되도록 곁에 얼쩡거리지 말아야 한다. 사람으로 태어나서 나이 들면서 나잇값을 하기가 쉽지 않다.

우리 할배 할매, 어매 아배 때는 그나마 쉬웠다. 철없는 아이를 한 철 한 철 접어들고 나게 하면서 나이테에 철이 새겨지게 돕는 자연이 곁에 있었으니까. 그리고 나이 든 어른들이 하는 대로 따라하면 저절로 나이 먹으면서 나잇값을 하게 되었으니까. 그때는 가장 나이가 많이 든 어른이 가장 나잇값을 잘 해냈다. 그래서 위아래를 나이로 따졌다. "너 몇 살 먹었어?" "자네 나이가 몇인가?" "어르신 춘추가 어떻게 되시는지요?"(춘추는 '봄가을'이다. 그러니까 철을 얼마나 거쳤는지 묻는 말이다. 지금도 시골에서는 나이를 묻는 일이 드물지 않다. 공대해야 할지, 벗해도 좋을지, 말을 놓아도 될지 거치는 절차다.)

요즘 도시에서 나이를 묻는 것은 큰 실례 가운데 하나다. "왜?" 또는 "왜요?"라는 고까운 반응을 보일 게 뻔하다. 나날이 데이터가 '업데이트' 되고, 나이 든다는 게 낡는다는 것과 동의어(뜻같은말)가 되는 판에, 그리고 늙은이는 낡고 낡아서 이미 아무 쓸모도 없어진 짐이어서 돈을 내고라도 요양원에 집어넣어야 한숨 돌릴 마당에 늙은이의 잔소리라니.

→ 92. 철

# 15

# 나타나다

중세 우리말로 '나타나다'는 말은 '낟다'다. 그리고 '밤낮'의 '낮'은 '낟'이라고 썼다. 따라서 '낟다'는 말은 '낟이다(낮이다. 어둠이 가시고 해가 떴다)'에서 나왔을 수 있다. 날이 밝으면 이것저것이 가려져서 제 꼴을 드러낸다. 다시 말해 '나타난다'('낟'과 '날'이 같은 뿌리에서 나온 말이라는 걸 밝히기는 어렵지 않다. 'ㄷ→ㄹ, ㅌ→ㄹ'은 우리말뿐만 아니라 여러 나라말에서 나타나기 때문이다).

이렇게 날마다, 달마다, 철따라, 또 한 해가 바뀜에 따라 나타나는 것들이 달라지는 현상(나타나는 꼴)이 있지만, 근대 이전의 전통 사회와 근현대 사이에는 큰 변화(바뀜)가 있다. 과학기술이 뒷받침하는 문명의 발달에 따라 되풀이해서 나타나는 자연현상은 뒷전으로 물러서고, 사람이 빚어낸 인공 현상이 정면에 나타난 것이 근현대의 도드라진 특성이다. 19세기 말에 방적기와 증기기관이 나타나고 뒤이어 전등이 나타나고 라디오나 텔레비전 같은 전자기기가 나타나면서 밤이 낮처럼 밝아지고 온갖 정보뿐만 아니라 돈이 빛의 속도로 도는 새로운 그물망 네트워크가 온 세계를 감싸는 새로운 현상이 나타났다. 사람들이 자연과 함께 살아가던 낯익은 전통 사회는 사라지고, 사람들끼리만 모여 사는 도시 사회가 나타났다. 그리고 그에 따라 날이면 날마다 새로운 제품들이 나타나고 그것들을 가리키는 새로운 이름들이 숨 가쁘게 나타났다가 사라져 간다.

옛날에는 앞날을 예측할 수 있었지만(대체로 어머니 아버지, 할머니 할아버지의 삶을 이어받아 그대로 따르면 살 수 있었고, 자연현상이 더러 바뀌더라도 거기에 맞춰 가면서 살아남을 수 있었다) 현대에 사는 사람들은 내일 일을 점칠 수 없다. 이렇게 해서 새로운 나타남은 이미 경이(놀라움)를 넘어 재난에 가까워져, 많은 사람들이 지속 가능한 미래를 믿을 수 없게 되었다.

나는 네가 새로운 모습으로 나타나는 게 반갑기보다는 두렵다. 그렇게 나타났다가 사라지고 곧 또 다른 낯선 얼굴로 나타날 네가 걱정스럽다. 이런 내가 잘못된 거니?

# 16

# 날

'날이면 날마다' '나날이 새롭다' '날 가는 줄도 모르고' '날이 새면 깨고 날이 지면 잠들고' "오늘이 무슨 날이지?" "호랑이 장 가가는 날." "가는 날이 장날이라더니."

날 밝을 때를 가리켜 우리말에서는 '새벽'이라고 하는데, 이 말은 '해밝이'에서 나왔다. 'ㅎ'이 'ㅅ'으로 바뀌고('ㅎ'은 목구멍 소리여 서 발음하기 힘들어 '형'을 '성'이라고 하거나 프랑스 말에서처럼 'Henri'라고 쓰고 '앙리'라고 읽거나, 아예 홀소리로 바꾸어버리기도 한다) '밝이'가 '벽'으로 바 뀌었다.

참고로 신라 시대 큰스님인 원효는 우리 이름으로 '사복(사보 기 또는 사보고)'이었는데 그이가 살던 때까지는 복모음이 널리 쓰 이지 않아 'ㅐ→ㅏ'로 소리 냈고(새→사), 'ㅗ→ㅕ'로 홀소리가 바뀌 고(복→벽), '보기' 또는 '보고'에서 홀소리가 떨어져 나가(모음 탈락) 'ㄱ'이 받침으로 바뀌었다고 본다. 그래서 '원효'는 '해밝이(옛 소 리로 '하+바르+기')'가 '하'→'사', '바르'→'보', '기 또는 고'→'ㄱ'로 되 었다가 '복'이 되었고, 그것이 뜻을 살린 한자어로 탈바꿈해서 원효라는 이름이 쓰이게 되었다고 본다. (이것은 문헌학적 해석이다. 굳이 머리에 새기지 않아도 된다.)

날이 밝으면 어둠이 사라진다. '곰'(고마→하늘을 가리키던 옛말. 우리나라에서 건너가 일본말로 굳은 '가미'와 뿌리가 같다)은 남아 해와 짝을 이룰 수 있지만 '밤'(중세에는 '범'을 '밤'이라고 쓴 기록도 있고, 요즘 흔히 호랑이라고 하는 짐승은 한자어 '호랑'으로 바뀐 '범'을 가리킨다)은 새벽이 오면 멀리 달아난다. 환웅(환한 수컷, 해, 한자어로 태양신)이 고마(하늘)와 만나 짝을 이루어 단군왕검(박달잇검)을 낳았다. 여기에서 '박달잇검'을 '하늘을 이은(잇검) 박(밝)의 달(다, 딸, 땅)'로 새기면, 이 땅별의 탄생 설화가 된다. 그러나 아쉽게도 나는 고고 언어학 또는 언어 고고학의 권위자가 아니므로 이런 내 뜻풀이는 학계에서 개무시당하기 십상으로 보인다.

→ 98. 해

# 17

# 너

　'나'와 어깨 걸면 '우리'고 떨어지면 '남'이고, '내'가 그 안에 있는 '우리'와 딴 패거리를 이루면 '너희'가 된다. '너는 너, 나는 나.' 갈라 세우는 말이다. 갈라서는 말이기도 하다. '너'는 '내'가 '나'와 가깝다고 여기는 사람, 동무나 나보다 나이 어린 사람을 흉허물 없이 부르는 이름이다. (싸우거나 깔볼 때 갑자기 바꾸는 호칭이기도 하다.) '너'는 '니'나 '네'가 되기도 한다. '내'가 아닌 '너'는 왜 나와 한통속인 '우리'가 되기도 하고, '남'이 되기도 하고, '너희 놈'들이 되기도 하는가? 한마디로 '나'는 '너'가 아니기 때문이다. 자리를 바꾸어도 마찬가지다. '너'가 '나'가 되면 그에 따라 '나'는 '너'가 된다. '너나들이'한다고 해서 이 기본 사실은 바뀌지 않는다. 네가 '너'인 것은 내가 '나'이기 때문이다.

　나는 한 번도 내가 너를 두고 이런 말을 하리라고는(이런 글을 쓰리라고는) 생각해보지 못했다. 그만큼 우리 사이가 멀기도 하고 가깝기도 했다. 그러니까 이게 뭔 일이냐고, 왜 이렇게 되었느냐고 느닷없다고 호들갑 떨지 말자. 언젠가 그런 날이 오리라고 마음 졸이고 있었는데 올 것이 왔다고 덤덤하게 받아들이자. 나는 너한테 썩 잘해준 것도, 크게 잘못한 것도 없다. (그러니까 너와 나의 문제는 감정이나 심리 변화의 문제는 아니다.) 그래, 너는 너, 나는 나. 객관 적으로 쿨하게 갈라서자(객관적이라는 말은 '보는 손님스럽게'라는 뜻이라 는 건 알고 있겠지).

우리 서로 손님이 되자. 손님으로 너와 나를 지켜보자. 나는 한 번도 너의 주인이었던 적이 없다. 너도 같은 말을 할 것이다. 우리는 서로 종살이한 기억이 없으니까. 서로 평등하다고 느꼈 으니까. 그래서 스스럼없이 너나들이했으니까. 새삼스럽게 우리 사이가 그러지 않았다느니, 니 것 내 것 없었다느니, 마음이 바 뀌었다느니. 혼자 잘 먹고 잘 살라느니, 너를 가만둘 줄 아느냐, 두고두고 미워할 거라느니…… 그런 푸닥거리는 하지 말기로 하자.

내가 너한테 그렇게 소중했니? 너보다 내가 더 소중했니? 그 건 아니잖아? 니가 있으니까 나도 있었잖아? 너 없는 세상에 내 가 어찌 있었겠니? (여기서 잠깐, 이것은 '작업 멘트'가 아님) 너 없는 세 상? 참 황량하구나. 덧거칠구나. 유식한 말로 너의 존재 이유가 거기 있었구나. 날 홀로 남겨두지 않으려고 네가 있었구나. 비록 원수가 될지라도 혼자 있는 것보다 너와 함께 있는 것이 '훨(씬)'

낫구나. 너와 나 사이는 '손님의 눈'으로 볼 수 없는, 질기고 질긴 끈이 이어져 있다.

➡ 12. 나, 80. 우리

# 18

# 놀다

이 나라는 동방예의지국으로 불리기도 했지만, 그 안에는 놀기 좋아하는 백성이 살고 있었다. 예로부터 이른바 놀이 문화가 성행했다.

노로다(놀리다), 노름(놀이, 놀음, 노릇, 구실), 노름놀이(놀음놀이), 노름터(노름판), 노름ㅎ다(노름하다), 노릇(놀이, 장난, 구실), 노릇바치(재인, 광대), 노릇ㅎ다(놀이하다), 노름노리ㅎ다(놀음놀이하다), 노름(놀음), 노리(놀이, 노래), 노른샛것(장난감), 노롭(놀이, 장난), 노롭노리(놀음놀이), 노릇(놀이, 장난), 노릇노리(놀음놀이), 노릇다(놀이하다), 노릇도이(장난스레), 노릇다외다(장난스럽다), 노릇하다(놀이하다, 장난하다), 놀애(노래), 놀이다(놀리다), 놀임(놀림), 놀다(놀다, 연주하다), 놀래(노래), 놀리다(놀리다, 움직이다), 놀오다(놀리다), 놀음노리(놀음놀이), 놀이ㅎ다(놀이하다) …… 《고어사전》에서 주섬주섬 뽑아보았다. 놀이를 드러내는 말이 예로부터 이렇게 많은 것을 보면, 어지간한 겨레로 보인다.

"나도 한때 놀아본 놈이야."(조폭의 입에서 흔히 나오는 말) 놀기도 하고 노릇도 한다. 손발도 놀리고 몸도 놀린다(그에 따라 손발도 놀고 몸도 논다). 노래 부르면 거문고도 논다. 노름터가 노름판으로 바뀌기도 한다. 남을 놀림감으로 삼다가 내가 놀림감이 되기도 한다. 손발 부지런히 놀린다(열심히 일한다). 놀이 따로 일 따로인 사람들이 아니었다. 틈만 나면 놀았다. 춤추고, 노래하고, 땀 흘려 일하고 모두가 놀이판이었다. 그러던 사람들이 언제부터 몸놀림 그만두고 몸부림(노동)을 하게 되었을까? 누가, 왜, 어떻게 이 몸을 부리게 되었을까? 돈이 그렇게 만들었다고? 돈이 돌면서 머리도 돌게 되었다고? 몸부림치게 했다고? 조폐공사를 불 싸질러 그 노릇 못하게 할까?

→ 85. 일

# 19

# 놈

누군가 '늙은 놈'이라고 부른다고 해서 발칵 하지 마라. (나에게 이르는 말이다.) 옛날에 우리 할배 할매들이 나이 든 이를 가리켜 스스럼없이 주고받던 말이기 때문이다. "늘근 노미 누어슈미 편안흐야 아츰에 게을이 니로니(할배가 누워 있는 게 편해서 아침에 게으르게 일어나니)"《두시언해》 요즘 어린이, 젊은이, 늙은이는 옛말로는 저마다 어린 놈, 젊은 놈, 늙은 놈이었고, 그 말이 누구 귀에도 거슬리지 않았다. (날이 갈수록 귀에 사는 달팽이라는 놈이 까칠해져서 아무 말이나 삐딱하게 듣는다.) 그래도 도둑놈을 '훔치는 이'로 부르는 건 좀 거시기할 것 같다. 부부 싸움을 하더라도 "이놈 저놈, 이년 저년"이라는 말이 울타리 밖을 넘으면 듣는 연놈들이 수군댈 수밖에 없다. "이놈의 세상 언제 나아지려나." "그놈이 글쎄." "내 품에 들면 님이요, 나와 멀어지면 남이고, 내게 등 돌리면 놈이다." 깔끔하네. 난 이렇게 군더더기 없는 게 좋아. "있는 놈이 다랍게." "없는 놈 주제에." 삿대질하는 틈을 파고들어 "있는 놈이 뭐야? '가지신 이'지." "그래, 나도 없는 놈이다. 보태준 거 있어?" 하고 말 거드는 놈들을 보면 그놈이 어떤 놈을 마음에 들어 하는지 뻔히 드러난다.

　내가 언젠가 입 밖에 낸 적이 있던가? 가장 큰 인종주의자는 '있는 놈'과 '없는 놈'이라고. 이놈들 사이에는 타협의 여지가 없다. 맞설 수밖에 없고, 박 터지게 싸울 수밖에 없다. 개량을 입에 올리는 놈들은 있는 놈이거나 있는 놈 쪽이고 혁명을 부르짖는 놈들은 없는 놈이거나 없는 놈 쪽이다. (나는 있는 놈인데도 혁명을 바란다. 이것을 기회주의자라고 딱지 붙이는 놈들이 있다. '눈치 보는 놈'이라는 뜻이겠지.) 혁명은 거죽을, 껍데기를 벗긴다는 말이다. 탈을 없앤다는 말이다. 뒤집어쓴 탈, 옥죄는 허물을 벗는다는 뜻이다. 그것은 따라야 하는 '명'이다. 허울만의 진보, 허울만의 개혁은 딱 질색이다. 빼앗긴 것을 되돌려 받자는 게 뭐가 잘못인가? 못된 세상 바꾸어 잘된 세상으로 만들자는 게 뭐가 문제인가? "알맹이만 남고 껍데기는 가라"고 일갈했던 '놈'이 신동엽이었던가? 그놈이 그 말 했다면 내 놈은 그놈 편이다.

● 공산주의자, 자본주의자, 기회주의자, 보수주의자, 진보주의자에서 중국말 '자(者)'는 우리말 '놈'이다.

# 20

# 놓다

이때 쓰는 '놓다'는 '마음을 놓는다'고 할 때 쓰는 '놓다'가 아
니라 먼저 옆구리 '찔러 놓고' 딴청 부린다고 할 때 쓰는 말이다.
할 일이 쌓였는데 손 '놓고' 있는 놈보다 후끈 달아오르게 '해 놓
고' 먼 산 바라보는 놈이 더 밉다. '대놓고' 껄떡거리는 놈보다 아
닌 척 힐끔힐끔 입맛 다시는 놈이 더 징그럽다. 그렇다고 '드러
내 놓고' 눈살을 찌푸릴 수는 없다. '그래 놓고' 왜 그렇게 우거지
상이냐고 물으면 솔직히 '까놓고' 말할 사이도 아니기 때문이다.

이런 상황을 '놓고' (말만 듣고도 고소해할 이에게) '덮어놓고' 내 편
에 서 달라고 하기는 싫지만, '털어놓고' 말하는 게 '감추어 놓
고' 속으로만 끙끙 앓는 것보다는 더 나으리라는 생각에서 이렇
게 편지를 쓴다. '써 놓고' 망설이다 '보내 놓고' 네가 이 일을 어
떻게 보는지에 따라 이 녀석을 '죽여 놓고' 볼지 '살려 놓고' 볼
지는 그다음으로 '미루어 놓고' 기다리자는 내 마음을 '놓고' 네
가 어떤 '반응'을 보일지 궁금하다. 이 말만 '떼어 놓고' 보자면
그냥 그러려니 넘어갈 수도 있지만, 전에도 비슷한 짓을 '저질러

놓고'도 시치미를 뗀 적이 한두 번이 아니어서 이번까지 마음에 꾹꾹 '눌러 놓고' 모르는 척 넘어가기 힘들다. 이런 일을 '알아 놓고'도 네가 그 녀석을 '불러 놓고' 야단치기는커녕 도리어 "네가 먼저 '꼬리 쳐 놓고' 나더러 어떻게 하라는 거야" 투덜댄다면 언젠가 꼭 너를 '울려 놓고' 말 테니까. 아무리 네가 그 녀석과 그렇고 그런 사이라 하더라도, 말로만 '얼버무려 놓고' 난 뒤에 딴말 없기를 바란다. 마음 '터놓고' 말할 사람이 없어서 너한테 이렇게 '일러 놓고'도 마음이 풀리지 않는다. "웃기고 자빠졌네" 할지도 모르겠으나, 그렇게 '비웃어 놓고'도 뒤끝이 없으리라고 여긴다면 네가 나를 잘못 보아도 한참 잘못 본 것이다. 네가 이 편지 갈가리 '찢어 놓고' 사람들 '불러 놓고' 나불댄다면, 먼저 너부터 '발가벗겨 놓고' 난 뒤에 그놈의 거시기를 '뽑아 놓고' 말 테다.

# 21

# 누구

모르는 사람이나 이름을 밝힐 필요가 없는 사람을 가리키는 말. "누구 없어요?"(도둑이 빈집에 들어서면서 꼭 확인하는 말 ㅋㅋ), "누꼬?"('누구냐'고 묻는 경상도말, 경상도 사람들은 말버릇을 안 바꾸거나 못 바꾸기로 이름난 사람들이다. 따라서 말뿌리를 찾는 데도 경상도 방언을 귀담아듣는 게 제격이다.) "누가 이 사람을 모르시나요?"(옛날에 방송극에서 흘러나오던 유행가의 첫 소절) 이로써 미루어보면 '누구'의 본디 꼴은 '누'임에 거의 틀림없어 보이는데 '누'가 무얼 가리키는 말이었지? '누'가 사람 아닌 이것저것을 가리켰던 말이 아니었을 거라는 것까지는 어렴풋이 짚이는데, '누'가 어디에서 나온 말인지는 깜깜하단 말이야(중세말에도 '누구'는 그냥 '누'로 되어 있다). 더 파헤쳐 봤댔자 부질없는 짓일 것 같으니 그만 넘어가자.

# 22

# 눈

"네 눈 그리 깊어 절망한 사람들 너도나도 뛰어들고……." 루이 아라공이 쓴 시였던가? 장 페라가 노래로 불렀던가? "눈에서 멀어지면 마음에서도 멀어진다." "그 사람 눈 밖에 나면 끝이야." "눈속임하려 들지 마." "눈만 믿다가는 큰코다쳐." "눈에는 눈, 이에는 이." "눈은 마음의 거울이다." "부처 눈에는 부처만 보이고, 돼지 눈에는 돼지만 보인다." "눈 감으면 코 베어 갈 세상." "뜬눈으로 밤을 새운다." "개 눈에는 똥만 보인다." "사람 보는 눈이 없다." "한눈에 보인다." 눈을 두고 하는 말이 얼마나 많은가. 그 말들만 모아도 두툼한 책 한 권을 묶을 수 있을 것이다.

우리가 아는 정보(데이터)는 거의 모두 눈으로 끌어모은 것이다. 현미경을 써서 끌어모은 정보, 망원경을 써서 끌어모은 정보, 그 정보들까지 끌어모으면 《대영백과사전》보다 몇 배나 더 많은 책으로 엮을 수 있겠지. 그러나 눈이 놓치는 것이 있다. 놓치지 않는 것보다 놓치는 것이 헤아릴 수도 없이 많겠지. 눈은 겉만 핥지 0.000…∞…0001mm 두께에 지나지 않을지라도 속을 들여다볼 수 없다. 눈에 보이는 것은 겉껍데기일 뿐이다. 그래서 "천 길 물속은 알아도 한 치도 안 되는 사람 속은 모른다"는 속담도 생겨났겠지. 내시경? 천체망원경? 입자가속기? 무얼 들이대도 마찬가지다. 아무리 얇게 저며도 입체를 평면으로 바꿀 수는 없다. 그래서 "살눈(육안)으로 보지 말고 마음의 눈으로 보라"는 말도 생겼겠지. "니 속이 훤히 들여다보인다"는 말도 그렇게 생겨났겠지. "눈은 나쁜 증인이다"라는 말은 누가 맨 처음에 했지? 헤라클레이토스? 엠페도클레스? (기록에 남은 걸로만 거슬러 올라가면 그렇다는 말이다) 눈에만 기대는 현대물리학의 성과를 곧이곧대로 받아들일 수 없는 까닭은 여기에 있다. 그래도 어쩌랴. '눈이 보배'인 것을…….

→ 51. 보다

# 23

# 다르다

'다르다'는 '같다'와 짝을 이루고, '이것'이 '저것'이 아님을 드러낸다. 그리고 (무엇이) '아님'은 (무엇)'임'과는 '달리' 인도유럽어족에게 '있음'과 맞서는 '안 있음'을 뜻하기도 한다. 이들에게 '있음'은 '하나(1)임'을 뜻하는 말이기도 했으므로, '안 있음'(우리말로 '없음')은 그 안에 '빔(0)'이라는 뜻도 담고 있고, '여럿'이라는 뜻도 담고 있다. 다시 말해 '하나(1)'가 아닌 것은 '없기(0)'도 하고 '여럿'이기도 하다. (플라톤의 우주론인 《티마이오스》 편에서 우주의 제작자 데미우르고스는 우주를 만들 때 겉에는 같음의 띠를 둘러, 이 우주를 하나로 만들고 그 안에는 다름의 띠를 엇갈라 둘러 우주 속에 여러 가지 행성이 맴돌이를 하고, 같음의 띠에서 가장 먼 곳에 지구를 자리 잡게 해서 이 땅별 안에서는 하나도 같은 것이 없을뿐더러, 이 서로 다른 것들도 걸핏하면 바뀌어 종잡을 수 없는 곳으로 만들었다.)

이와 같은 오랜 전통은 오늘날 물리학 이론에도 영향을 미쳐, 저마다 홀로 떨어져 있는 '톨(particle)'들이 저마다 그 안에 힘을 감추고 있어서 서로 묶이기도 하고, 밀어내 흩어지기도 하는데, 그 힘은 어쩌다 지니게 된 것으로 크고 작은 힘의 뿌리가 어디에 있는지도 모르는, 어쩌다 그렇게 생겨 먹은 우주라는 '썰(설)'이 주류 학설을 이루고 있다. (더 자세히 알고 싶은 사람은 《꼭 같은 것보다 다 다른 것이 더 좋아》를 볼 것.)

나는 틈날 때마다 이 한뉘(우주) 안에는 서로 뿌리가 다른 두 힘이 있다고 힘주어 말해 왔다. 하나는 '있음'에서 나오는 '하는 힘', 다른 힘은 '없음'에서 나오는 '되는 힘'. '다르다'는 말은 이처럼 그 안에 철학을 꿈꾸는 이들이 그침 없이 궁금해하는 깊은 뜻을 담고 있다. 크기에 아랑곳없이 이 우주에 '하올로(홀로)' 떠도는 서로 다른 이 '톨'들이 어쩌다 서로 만나고 헤어지면서 다른 꼴을 이루며 '있고 없음', '같고 다름'을 나누고 있을까? 저마다 생각이 다르고, 이 다른 생각에 따라 모든 학문의 '썰'들이 달라진다.

→ 4. 같다

# 24

# 돈

"돈이 없어서 돌아버리겠네." "돈은 돌고 돈다." "돈에 돈돈, 돈에 돈돈 원수의 금전……." 누구나 돈벼락을 맞아보고 싶어 한다. 그래서 복권을 사고, 로또를 하고, 비트코인에 돈을 쏟아붓는다. 도시에서 살려다 보면 '돈 없으면 죽은 목숨'이기 때문이다. "돈맛이 들면 아비어미도 몰라본다"는 말은 빈말이 아니다. 그야말로 돈에 눈이 까뒤집힌다. '돈 놓고 돈 먹기', 온 나라가, 아니 자본주의 사회에서 온 세상이 도박판이 되어버렸다.

돈 때문에 몸 버리고 사람 버리고 이웃까지 버린다. (나는 돈 없이도 사는 세상을 아직도 꿈꾸고 있지만 너나없이 나에게 그런 꿈에도 돈이 드니 꿈 깨라고 한다.) 돈이 그렇게 좋은가? 돈 먹고, 돈 입고, 돈으로 이부자리 깔고, 돈으로 군불 땔 것도 아닌데 돈으로 이 모든 걸 바꿀 수 있다고 여긴다. 돈 있으면 사람도 있어 보이고, 돈 없으면 있는 사람도 없어 보인다. 업신여김 받는다. "돈 싫어하는 놈 나와보라고 해." 이런 말에 힘이 실린다. 그래서 살지도 않을 집을 여러 채 사서 돈을 굴리고, 말썽이 나면 돈으로 변호사 사고

검사에게 술 먹이고, 판사에게 고급 승용차를 사주어 있는 죄도 없게 만든다. '유전무죄 무전유죄'라는 말에 누구나 고개를 끄덕인다. 돈 있으면 있는 죄도 없앨 수 있고, 돈 없으면 없는 죄도 뒤집어쓴다는 말이다. 돈에 미쳐 돌아가는 세상에 코로나19는 조폐공사까지 감염을 시켜 이 나라 저 나라에서 돈을 마구 찍어내게 만든다. (바이러스 늘어나듯이 돈도 늘어난다.) 그래서 못사는 사람은 더 못살게, 잘사는 놈들은 더 잘살게, 다시 말해서 빈부격차가 기하급수로 커지게 만든다. '양적 완화'(이른바 경제학자들이나 '모피아'가 지어낸 야바위꾼 말이다. 있는 그대로 말하면, 물가를 올려 가난한 사람 개미허리를 더 졸라매게 만드는 인플레이션이다)라는 말로 집값, 전셋값을 다락같이 올려 집 없는 사람 길거리로 내몰아 노숙자로 만들고, 알거지로 바꾸면서 "다 코로나 때문"이라고 주절거린다.

"이 세상에 공돈('공똔'이라고 발음한다)은 없다." "돈에는 꼬리가 달려 있다." "돈 잘못 먹으면 그대로 간다." "치고 뛰고 달리고 낚아채고, 차면 돈이 된다." 농구, 야구, 축구…… '돈 될 곳'은 널려 있다. 한 번 선수로 돋보이면 천문학적인 돈이 들어온다. 돈벌이 기계로 만들려고 얼마나 많은 부모들이 어렸을 때부터 아이들을 들들 볶아대는가. 돈 안 되는 것은 아무리 하고 싶어 해도 죽자고 말린다. 그렇게 해서 '돈병철, 돈건희, 돈재용'으로 삼성공

화국을 세우고, 그 공화국은 아직도 요지부동이거니와, 돈에 꼬리가 잡혀 쇠고랑을 찬 3대 '돈주영'의 집안도 거기서 거기다.

돈이 인품을 낳고, 돈이 미모를 만들고, 돈이 명성을 쌓게 한다. 돈으로 못 바꿀 것이 없다(고들 여긴다). 미국 돈에는 조지 워싱턴이, 중국 돈에는 마오쩌둥이, 대한민국 돈에는 세종대왕, 신사임당 얼굴이 찍혀 있다. 모두 (죽고 나서도) 돈에 팔렸다. 그야말로 하늘이 돈짝만 해진다.

→ 3. 가지다

# 25

# 돌다

"돌고 도는 물레방아 인생" "아, 돌아버리겠네." "빙글빙글 도는 의자 회전의자에 임자가 따로 있나. 앉으면 주인인데……." "돌아와요, 부산항에" "돌아선 나를 왜 불러?" "제발 등 돌리지 마."

이 낱말을 두고 사전적 정의를 하기에 앞서 물리학('것배움' 또는 '겉배움'이라고 불러도 좋겠다)에서 힘(일본 사람들이 이 말을 한자어를 빌어 우리말 발음 '력'으로 옮겼다)을 어떻게 다루어 왔는지 수박 겉핥기로 살펴보자. '인력, 척력, 속력, 중력, 전자기력, 약력, 강력……' 여기에서 인력(당기는 힘), 척력(미는 힘), 속력(힘 빠르기), 중력(무게를 지닌 어떤 것이 제 가운데로 끌어당기는 힘), 전자기력(전기나 자기가 지닌 힘), 약력(원자핵들 사이에 미치는 여린 힘), 강력(원자핵들을 뭉쳐 있게 하는 센 힘) 들은 위에서 아래로(수직), 왼쪽에서 오른쪽 또는 오른쪽에서 왼쪽으로(수평) 움직이는데(대체로 이것저것들을 옮기는 힘으로 정의되어 있다) 곧바로(직선) 움직인다고 학자(배운이)들 사이에 여겨져 왔다. 그 뒤로 '빈터(공간)'가 말굽꼴이나 방울꼴로 휘어져 있을 수 있다는 학설들이 나오면서, 그리고 유클리드기하학이 내세운 '평면(반반한 꼴)'이 기하학적 공간(끝잼빈터) 가운데 물리학적 공간의 여러 꼴을 미처 생각하지 못한, 우리 머릿속에만 있는 빈터임에 지나지 않는다는 것이 수학적으로 증명(?)되면서, 이 생각은 바뀌게 되었다.

힘에는 '하는 힘(능동력)'과 '되는 힘(수동력)'이 있고, 이 두 힘이 겹으로 꼬인 '결'을 이룬다는 내 생각에 따르면, 모든 힘은 '고비'와 '구비(굽이)'를 이루며 이어져 있고, '톨'로 보이는 '것'들은 모두 이 힘들이 거치는 마디를 나타낸다.

그리고 이 힘은 이런저런 꼴을 이루면서 갖가지로 뭉친 힘들이 서로 겨루면서 끊어지듯 이어져 있어서 이들 사이에 '맴돌이(자전 또는 공전)'가 이루어지거나 '감돌이'(감고 돌면서 오므라들거나 오므라뜨리는 힘씀 또는 힘의 쓰임. 이 현상은 중력이나 블랙홀에 보인다)나 휘돌이(휘어 돌면서 퍼져 나가거나 그렇게 되는 힘씀 또는 힘의 쓰임)가 이루어진다.

생물학(산이배움)에서 가르치는 피돌기(혈액순환)나 원반형(반반한 동그리 꼴) 또는 나선형(휘돌거나 감도는 꼴)을 이루면서 하늘을 떠돈다는 별들의 무리(성단, 성운, 무슨무슨 이름들을 지닌 그 많은 계들)들의 움직임을 파고드는 천문학(감꼴배움)을 머리에 떠올리기 바란다.

그러면 윤회(수레바퀴 돌기)나 영원회귀(Ewige Wiederkunft) 같은 말에 쓰이는 '돈다'는 말 못지않게 이 낱말이 얼마나 큰 무게를 지니는지를 알아차릴 수 있게 되리라.

'돌아온다, 돌아간다, 돌아다닌다……' 같은 말을 할 때, 그렇게 떠도는 이들이 어디로 오가며 어디를 가운데 두고 다니는지 생각해보자. 살 곳, 깃들 데, 삶터이자 둥지 같은 자리가 아니겠는가? 고개도 돌리고, 등도 돌리고, 바퀴도 돌고, 해도 돌고, 달도 별도 돈다. 이 해가 가면 다음 해가 돌아와 또 새로운 하루나 한 해가 된다. 이 봄이 가면 다음 해에 또 새봄이 돌아온다. 집에 돌아오면 마음이 놓이고, 가을철이 오면 제비들은 강남으로 돌아가고, 기러기들이 돌아온다. 떠돌던 길손들도 언젠가는 어디에 눌러앉는다. 돌지 않는 것은 없다.

바윗덩이처럼 움쩍달싹하지 않는 듯 보이는 것들도 속을 들여다보면 그 안에서 조그마한 알갱이들이 저마다 '돌아다닌다'. 사람들은 그것을 아원자, 전자, 원자로 부른다. 힘이 있는 곳에서는 어떻게든 모든 게 돌아다닌다. 오죽하면 '돈도 돈다'는 말이 생겨났겠는가. 돈은 그야말로 밤낮없이 온갖 모습으로 빛의 속도로 돈다. (헤지 펀드, 비트코인, 파생상품 따위의 이름으로 돌아다니면서 온 세계를 도박판으로 만드는 이 돈 돌기, 돈 돌리기에 하루아침에 돈방석 위에 앉은 사람이 있는가 하면, 더 많은 이들이 알거지가 된다.) 도는 것은 돈만 아니다. 온갖 소문도 돈다. (더 자세하게 알고 싶다면 《꿈꾸는 형이상학》을 보기 바란다.)

➡ 97. 하다, 71. 않다, 43. 못하다

# 26

# 되다

힘 가운데 하는 힘을 받아들여 바뀌는 힘(되다↔한다)을 말한다. '되면 한다'는 말은 '될 것 같아야 한다'는 뜻이고 '될 대로 되라지'는 뜻에 안 맞는 일인데도 안 따를 수 없을 때 하는 말이다. '되는 일이 없다'는 이렇게 저렇게 애써 해봐도 마음대로 이루어지지 않는다는 말이고 "될성부른 나무는 떡잎부터 알아본다"는 말은 앞으로 크게 될 사람은 이미 어려서부터 남다르다는 뜻이다. '안 되는 일이 없다'는 모든 일이 마음먹은 대로 잘 풀린다는 말이다.

힘 가운데 스스로 움직일 수 있는 힘을 능동이라 이르고 받아들여 움직이는 힘을 수동이라 부르는데 서양철학에서는 하는 힘의 뿌리가 '있는 것(하나)'에 있고 되는 힘의 뿌리는 '없는 것(빔)'에 닿아 있다고 본다. 그런데 있는 것만 있고 없는 것은 없으므로, 달리 말해 있는 것은 무엇인 것으로 있고 안 있는 것은 무엇인 것도 아니므로 없는 것(안 있는 것, 안인 것)을 있다고 말하는 것은 논리에 어긋난다고 본다. ('함과 됨'에 대해 더 자세하게 알고 싶다면

《철학을 다시 쓴다》를 보기 바란다.)

➡ 97. 하다

# 27

# 뒤

'나 죽은 뒤에' 나는 이런 자리에서 이런 뒷이야기를 털어놓게 될 줄은 몰랐다. 나는 내가 죽은 뒤에 내 이름으로 된 소유물을 남기는 것을 극도로 싫어해서 거의 빈털터리로 시골에 내려왔다. 뒷사람들에게 유산을 둘러싼 낯 뜨거운 싸움의 빌미를 주지 않으려는 뜻에서였다. 얼마쯤은 내 뜻대로 되었으나 아직도 뒤를 닦지 않은 것처럼 께름칙하게 남아 있는 것들이 있다.

내가 보리출판사를 그만둔 뒤로 출판사 살림이 어려울 때 가져다 쓰고 넉넉해지면 돌려놓으라는 말과 함께 넘겨준 퇴직금 통장과 보리출판사가 한창 살림이 필 때 회사 안에서 주식을 갖고 있던 이들은 모두 처음 샀을 때보다 열 배가 넘는 값을 받고 뒤도 안 돌아보고 주식을 공익에 넘겼으나 나만 뒷날에 대한 어떤 생각도 없이 오직 오기로 넘기지 않고 가지고 있던 보리 주식 2퍼센트.

그리고 처음에는 변산공동체에 새 식구들이 들어오는 대로 그이들 이름으로 농사지을 땅을 샀다가(이 돈 가운데 얼마쯤은 내 호주머니에서 나왔으나 거의 모두 공익 자금으로 산 것이다) 그 뒤로 초기 식구들이 독립 살림을 나면서 거두어 내 이름으로 바꾼 것(이것을 온갖 방법으로 털어내려 애썼으나 우리나라 현행법 체계상 공공단체에 증여하지 않고는 다른 길이 없다고 해서 아직 내 이름으로 되어 있다. 그러나 뒤끝을 남기지 않게 변산공동체학교 장학 재단이나 가칭 남북청년농부양성소에 기증하려고 서둘고 있다).

그 밖에 또 뭐가 있더라? 나는 집도 없고 먹여 살릴 피붙이도 없다. 그런 점에서 뒤처리에 꽤 신경을 썼다고 할 수 있다. 적어도 가진 것 때문에 뒤탈이 없게, 걱정은 거의 던 셈이다. 다만 내가 살아 있는 동안 내 뒤치다꺼리는 내가 한다는 마음으로 뒤처리를 더 깔끔하게 해야겠다는 생각은 하고 있다. 쓰다 보니 이야기가 샛길로 들어섰는데, 이제 뒤돌아서 뒤가 구리다는 말이 안 나오게 뒷설거지할 일이 무엇인지 꼼꼼히 뒤져 보아야겠다.

'뒤'는 '앞'과 짝을 이루는 말이다. 이 나라에 한자가 들어온 지 이천여 년이 지난지라 '뒤 후'라는 글자나 말이 '뒤'라고 해야 할 자리를 거의 다 빼앗아 꿰차고 있다고 보아도 된다. '앞뒤(전후)' '뒤를 이은 피붙이(후손 또는 후예)', '뒤에(후에)', '뒷구멍(후장, 똥구멍)', '뒤늦은 뉘우침(후회)', '뒷글(후기)', '뒤로(이후로)', '뒤로 감(후진)', '뒤로 물러남(후퇴)'……. ('후'가 붙은 낱말 거개가 '뒤'를 가리킨다고 보면 된다.) 거의 우리말이 되어버린 이 낱말들을 쓰지 말라고 우길 생각은 없다(뒷북칠 생각은 없다는 말이다). 우리말 '뒤를 보다'는 말이 '똥을 눈다'는 뜻을 지녔음을 아는 사람이 몇이나 남아 있을까? '뒤를 닦는다('밑을 닦는다' 똥을 눈 뒤에 똥구멍을 닦는다)' '앞뒤 가리지 않고(막무가내로)', '뒷일은 뒤에 맡기고', '뒷담화' 그만두고, '뒤끝 작렬' 그래, 쓰다 보니 '뒤끝이 안 좋아'. '뒤통수치는' 것 같아. '뒤로 밀리는' 느낌이 들어. 더는 '뒤돌아보지 말자'. '이 뒤로' 무슨 말을 덧붙여야 하나?

➡ 74. 앞

# 28

# 듣다

문득 드는 생각. '이러다 한소리 듣겠네.'('지청구 맞겠네' 이때 '한'
은 '하나둘'의 '한'이 아니라 '큰'이다. '한강'이 강 하나가 아니라 큰 강인 것처럼. 그
러니까 '한소리→큰소리→야단'이다.)

이것도 '들으나 마나' 한 소리. "귀 있는 놈 들어라." "들려야
듣지." '들은풍월' "듣자 듣자 하니 온갖 소리 다 들리네." "좋은
말로 할 때 귀담아들어." "그놈 참 말 안 듣네." "듣도 보도 못한
놈이 찾아와서." "그 소리 한 번 더 들으면 귀가 닳겠다." "낮말은
새가 듣고, 밤말은 쥐가 듣는다."(짭새? 명박쥐?)

"입조심해. 말 들을라." "꾹 참고 다소곳이 들어." "핸들이 말
안 들어."(자동차 핸들에도 귀가 있냐?) "소문으로 들었다." "안 좋은 소
리 들리던데." "듣다 보니 그 소리도 그럴싸해." "귀가 얇아서 무
슨 소리든 다 듣지?" "아냐, 듣고 싶은 소리만 들어." "말이 말 같
아야 듣지." "말 들을 일이 있었어?" "윤여정 말 듣고 뻑 가지 않
은 사람 없다더라." "듣는 귀가 있어야 듣지." "그런 말 아무나 듣
는 게 아니야." "한 귀로 듣고 한 귀로 흘려." "나는 이렇게 들었

다(여시아문). "쓴소리도 들어야지." "잔소리 그만 듣고 싶어." "그 사람 큰소리쳐야 들어요." "들을 말 있고, 안 들을 말 있지." "듣고 보니 괜씸하네." "그런 말 듣고 좋아할 사람이 어디 있어?" "내가 들은 바에 따르면……." "무슨 소리를 해도 안 들어." "그게 아냐. 먹통이라서 아무 소리도 못 듣는 거야." "너 그 소리 들었어? 하나님이 자살했대." (이 보기들은 남이 듣기 전에 지워야겠다.) "처마에서 비가 듣는다." (이런 말은 듣지 마. 말뿌리가 다르니까. '듣다→더디다→더지다→떨어진다') 자꾸자꾸 딴소리도 들리지만 그딴 소리 더는 귀 기울여 듣지 말자.

➡ 38. 말, 58. 소리

# 29

## 들다

장미란이 역기 들듯이 번쩍 드는 것도 있고, 바람둥이 모텔에 들듯이 남몰래 슬그머니 드는 곳도 있어. '것'이냐 '곳'이냐에 따라 뜻이 달라. '거들다'는 힘 보태 들어주는 걸 뜻하고 '깃들다'는 잠자리에 들어가는 걸 가리키는 말이야. 여기서는 '드나든다' 할 때 쓰는 '들다', 들어가고 들어오고 가끔가다 들르기도 하는 (귀에 '들리는' 말고, 발로 '들르는') 그 '들다'가 자주 쓰는 말로 나온다니까 그 말만 꼭 집어서 다루기로 하자.

들어오는 놈 안 말리고 들어가는 놈 안 붙잡고 (집에) 들어오는 놈은 반갑게 맞고 (빵에) 들어가는 놈은 못 말리고, "이 말 꼭 여기에 들어가야 해." "저 사람 우리 쪽으로 끌어들여야 된다고." 이래서 '드는' 데가 많아진다. 들를 데가 많아서 바빠진다. 정치에 뜻을 둔 사람이 늘면서 예식장, 상갓집, 동창회, 친목회……. 사람 모이는 곳에는 귀신처럼 알고 들러서 얼굴 파는 사람들이 생겨났다.

"왜 거기는 뻔질나게 드나들어?" "못 들었어? 그 사람 당 선

전부에 있대. 그래서 인사차 들르는 거야." "아무리 그래도 그렇지. 들어오는 물량이 산더미 같은데 자네도 거들어야 할 게 아니야?" "내 품 들어가는 건 빼라고." "나도 나오는 구멍이 있으니까 들어가는 거야." "나명들명 조그마한 새끼광대 네 마리라." "그게 무슨 소리야?" "나오는 새끼, 들어가는 새끼 모두 꼭두각시라는 거야. 〈쌍화점〉에 나와." "뭐? 쌍화차 파는 데?" "으이구, 그러니까 그 나이에 그런 데나 들락거리지." "나 유권자야. 드나들 권리가 있다고." "한 번 찍고 나서 다음에는 가까이 들어오지 마 하면 꼼짝 못 하고 4년 뒤에 보자고 을러대는 유권자?"

"그나저나 자주 입에 오르는 말이라고 다 뜻이 깊고 너른 낱말은 아니더라고. 이 '들다'는 말처럼." "그러게. 빈도수 높다는 말 가운데 그런 게 많아. 함부로 쓰면 안 되겠다는 말도 눈에 띄고." "물이 들어온다는 말과 물든다는 말이 다 같이 '물들다'에 들어 있지만 뜻은 다르다는 건 알지?" "그래. 자네한테 두 손 두 발 다 들었네."

# 따르다

마음이나 몸으로 남이 가는 대로 뒤좇아가다. 남이 시키는 대로 하다. 앞장서면 따를 일이 없다. 아이들은 엄마, 아빠를 따르고, 개는 사람을 따르고, 나는 선술집에서 술을 따른다(어어, 아닌 것 같은데. 술 따라줘). 막내인 나는 형들을 졸졸 따라다녔고, 형들은 그러는 내게 화를 냈다. 그 까닭을 한참 지난 나중에야 알았다.

"임 따라 강남 간다."('니가 제비냐?' '맞아 강남 제비족') "권리 행사에는 책임이 뒤따른다." "졸졸 따라다니지 마."(많이 듣던 소리) "따르는 사람이 많아야 우두머리(두목)가 되지."(조폭인가?) "그 사람 품이 넉넉해서 따르는 사람이 많아." "나는 한 번도 앞장선 적이 없어. 늘 따라만 다녔지."(니가 개냐?), "나를 따르라."(하일, 히틀러!) "집까지 따라오지는 마."(나 노숙자인데요) "따라가다 보면 뭔가를 보여주겠지." "정을 따를 거냐, 의리를 따를 거냐." "따르면 안 될 사람을 따르는 짓은 개도 안 한다." "나 개 맞아. 끝까지 따를 거야."

➡ 27. 뒤

# 딱정벌레

벌레들은 혹시 벌(수풀, 서벌)이 낳은 애(아기)들이 아닐까? 그래서 본디 '버러지(벌+아지)'→'벌에'(중세말)→'벌레'로 바뀌어오지 않았을까? 벌레들 가운데 우리 눈에 가장 흔히 띄는 것들이 딱정벌레들이다. (학명은 곤충이다. '학문'이 깊으면 '항문병자'가 되어 치료약을 찾는답시고 벌레를 곤충으로 바꾸는지도 모르겠다.) 딱정벌레들의 우리말 이름은 얼마나 이쁜가. (딱정벌레는 딱지 같은 단단한 겉날개가 있다 해서 붙은 이름으로 안다.)

개미사돈, 곰보벌레, 긴머리먼지벌레, 깨알물방개, 꼬마길앞잡이, 땅콩물방개, 밑빠진먼지벌레, 뿔꼬마사슴벌레, 알락물진드기, 애물땡땡이, 어리둥글먼지벌레, 우리딱정벌레, 조롱박딱정벌레, 털보왕사슴벌레, 가는꽃녹슬은방아벌레, 감자풍뎅이, 거무티티홍반디, 긴다리소똥구리, 꽃무지, 늦반딧불이, 물삿갓벌레, 비단벌레, 애알락수시렁이, 얼룩방아벌레, 외뿔애기꼬마소똥구리, 고운산하늘소, 구름무늬납작밑빠진벌레, 구슬무당거저리, 꼬마남생이무당벌레, 넉점각시하늘소, 달무리무당벌레, 별가슴호랑하늘소, 솜털쑤시기붙이, 작은모래거저리, 털보꽃밑빠진벌레, 흰점곰보하늘소, 긴더듬이주둥이바구미, 넓적뿌리잎벌레, 다리가시뭉뚝바구미, 댕댕이덩굴털거위벌레, 버들꼬마잎벌레, 알통다리잎벌레, 점박이이마애꼽추잎벌레, 노랑테가시잎벌레, 톱가슴잎벌레, 팥배나무좀.

왜 거미는 같은 벌레인데 곤충에 못 낄까? 노래기나 지네는? 다리가 여섯 개가 아니어서? 지네들(이른바 곤충학자라고 뽐내는 것들)이 무슨 신발장이인가? 신발 맞추어주기 힘들어서 다리가 여섯인 것들만 맞춤으로 고르고 나머지는 '아웃'인가? 털어놓고 말해! 흰둥이들이 '인섹트'라고 이름 붙이고, 일본 사람들이 그걸 '곤충'으로 옮기면서 덮어놓고 그 이름 따른 거지? 그럴 거야. '인섹트(insect)'라는 이름은 '여섯 안에 든다(in+sextus)'는 뜻이 있으니까. "다리가 여섯 안에 드는 벌레만 곤충이에요. 나머지 벌레들은 인섹트가 아니에요. 우리가 비록 제화공은 아니지만, 그래서 신발 신길 걱정은 없지만, 분류를 하다 보니 그렇게 됐어요." 라고 솔직히 말한다면 보아줄 만하지. 그런데 노래기나 지네나 그 밖에 다리 여럿 가진 벌레들을 생각 좀 해봐. 뭐, 곤충 안에 들고 말고는 사람 꼴 갖춘 것들이 하는 짓이니까 암시랑도 않게 여기겠지만, 나 같으면 속으로 '버러지만도 못한 것들'이라고 비

웃을 거야. (아 참, 이 이쁜 벌레들을 한꺼번에 만나보고 싶다면, 보리에서 나온 《곤충 도감》이나 네 권으로 나온 《딱정벌레 나들이도감》을 보기 바란다.)

# 32

# 땅

"땅 문제는 토지 소유 문제로 귀결된다. 경제적 문제다." 혀에 꿀 바르고 기름 치고 미끄럽고 매끄럽고 달콤하게 술 안 먹고도 술술 풀어간다. 깜빡 넘어간다. "그 땅 일구고 가꾸어 먹을 것도 기르자는 땅이여." '마이동풍 우비독경(말 귀에 샛바람 소리, 쇠코에 염불 외기)' 아무도 귀담아듣지 않는다. 들어도 모를 소리다. 이렇게 땅 문제는 아직도 풀리지 않고 있다. 정답이 있는데 너도 나도 모르는 척한다.

"땅은 그 땅에 자리 잡고 살면서 먹을 것 입을 것 마련해주는 사람 차지여. 경자유전, 쟁기질하는 놈 몫이여." "뭔 소리여? 땅은 돈을 묻어두는 곳이여. 돈 많은 놈이 땅임자여." 티격태격하는 척하지만, 땅은 뒤에 말하는 놈 차지다. 그게 대한민국이 걸어온 길이다. 이 땅 북녘에서는 농사짓는 사람들에게 땅을 거저 넘겼는데, 남녘에서는 돈 받고 넘겼다. 돈으로 산 땅 돈 받고 팔아야지. 이게 땅이 돈이 된 내력이다. 땅을 두고 미사여구(분 바르고 연지 찍은 말) 늘어놓지 마라. 나도 변산공동체 땅을 거저 받은 게 아니다. 돈 주고 샀다. 그 땅값이 지난 25년 동안 열 배 스무 배 올랐다. 되팔면 떼부자 되겠지. 그러나 그 땅 이고 매고 저승 갈 수도 없는 노릇. 나라에라도 (공짜로) 넘기려고 골머리를 앓고 있다. 그런데도 받아주지 않는다. 소유권 침해로 걸릴까 봐 좌고 우면(흘끔흘끔 눈치 보기)하기 때문이다. "그 땅에 살면서 씨 뿌리고 김매고 거두는 사람 쫓아내지만 말아줘유." 말해도 콧등으로 듣 는다. 그렇게 실랑이한 지 십 년이 넘는다.

땅은 사고팔 물건이 아니다. 누구도 제 손으로 만들어낸 제 조물이나 상품이 아니기 때문이다. 그 땅을 대대로 일구고 가 꾼 이들이 있지만, 그것은 사는 동안만, 살아 있는 동안만 쓰라 고 주어진 것이다. 누구도 '내 것'이라고 할 수 없다. 내 것이라면 그 땅에 사는 모두가 일어설 것이다. 풀도, 벌레도, 지렁이도 두 더지도……. "웃기고 자빠졌네, 우리 거야." "돈으로 우리를 살 수 있어? 그 돈 우리에겐 모두 쓰레기야." 이 당당함에 맞설 수 있 는가? 언제까지 맞서려고 하는가? 니 생명의 재판정에서 니가 승소할 수 있을 것 같아? 땅! 땅! 땅!

➡ 24. 돈, 90. 집

# 33

# 때

'때'를 달리 이르는 여러 가지 말이 있다. '새(어느새), 사이(밤사이), 틈(어느 틈에), 짬(참), 께(그러께, 재작년), 제(이제, 어제, 그제)' 모두 한 자어로 '시간'을 이르는 말이다.

'때가 있다.' '때를 놓쳤다.' '알맞은 때' '때를 맞춘다.' '때마침' "때는 사람을 기다리지 않는다." "제때 와야지." '때가 때인 만큼' "지금은 때가 아니네."(어떤 일을 하기에는 알맞은 시기가 있다는 말.)

'때(시간)'는 '데(공간)'와 함께 '때데한몸(시공 연속체)'을 이루는데, 물리, 화학, 생물학, 지질학, 천문학, 역사학, 철학 같은 여러 학문 분야에서 가장 어려운 문제를 낳는 낱말이다. 갖가지 학문 영역에서 수많은 이론과 그것을 담은 논문이나 책들이 산더미처럼 쌓이고, 여러 도서관을 가득 채우기도 한다. 나는 그 많은 글들을 읽을 틈도 없거니와 그럴 뜻도 없어서 그때그때 손발 놀리고 몸 놀리고 때에 따라 머리도 굴리면서 속 편히 사는 길을 택했다. 이참에 털어놓는 말인데, 시간이 비가역적이라고 떠드는 사람이 많은데, 시간이야 그러든지 말든지 '때는 거꾸로 흐르기도 한다'는 게 내 속마음이다.

➡ 16. 날, 92. 철

# 때문

'왜냐하면'에 따라붙는 말. 때로는 탓을 남에게 돌리기도 하고 때로는 허튼소리에 끼어들어 그럴싸하게 탈바꿈시키는 구실을 맡기도 하는 말. 까닭을 밝히겠다고 애를 쓰는데 열에 아홉은 빗나가기 때문에 말썽이 생긴다.

"너 때문이야(니 탓이야)." "무엇 때문에 (왜) 우리가 이 개고생을 해야지?" "나라 살림이 이렇게 어려운 것은 문재인 때문이다."(지랄하고 자빠졌네.) "우리가 자지를 자지라고, 보지를 보지라고 입 밖에 내지 못하는 것은 '고운 말 쓰기' 때문이다."(자지, 보지는 고운 우리말 아닌가?) "있는 놈 때문에 나라가 가난하다는 건 말이 안 된다. 없는 놈 때문에 나라가 가난한 거다."(놀고 있네.) "빚 때문에 나라가 거덜 나고 있다."(이게 뭔 소리여?) "코로나 때문에 못 살겠다."(맞는 말이여.)

# 마음

순간순간 마음만 바꾸고 몸을 바꾸는 어려움에서 벗어나게
해준 이에게 고마움을 느끼면서. "마음이 마음 같지 않아." "몸
따로 마음 따로." 이제부터 마음이 어떻게 움직이는지, 마음이
어떤 그림을 그리는지 얼추 적어내려가 보자.

마음을 쓴다(안 쓴다), 마음이 쓰인다(안 쓰인다), 마음을 놓는다
(못 놓는다), 마음이 놓인다(안 놓인다), 마음이 가라앉는다(안 가라앉는
다), 마음이 들뜬다(무겁게 가라앉는다), 마음이 내킨다(안 내킨다), 마음
아프다, 마음을 돌린다, 마음이 상한다, 마음이 좋다(나쁘다), 마음
이 착하다(안 착하다), 마음에 든다(안 든다), 미운 마음이 든다, 마음
밖에 난다, 마음을 어루만진다, 마음을 다친다, 마음이 닫혔다,
마음이 밝아진다(어두워진다), (할) 마음이 있다(없다), 마음에 가깝
다(마음에서 멀어진다), 마음이 떠난다(떠나가지 않는다), 마음이 돌아선
다(제자리에 돌아온다), (할) 마음이 솟구친다(사라진다, 없어진다), 마음이
곱다, 마음이 곧다(비뚤어졌다, 꼬부라졌다), 마음이 뒤틀린다(배배 꼬인
다), 마음이 어지럽다(흐트러진다), 마음을 모은다(마음이 갈라진다), 마

음이 바뀐다(걸림이 없다), 마음이 움츠러든다(부풀어 오른다), 마음껏, 마음 가는 대로, 마음에 걸린다(안 걸린다), 마음이 따뜻해진다(차가워진다, 식는다), 마음이 뜨거워진다(불탄다), 마음에서 지운다, 마음이 넓다(좁다), 마음이 바다 같다(좁쌀 같다), 마음이 여리다(모질다), 마음이 왔다 갔다 한다, 내 마음 나도 몰라, 마음 둘 데가 없다(생겼다), 마음을 비운다(못 비운다), 마음이 벅차다(텅 비었다), 마음에 구멍이 숭숭 뚫렸다. 마음에 빈틈이 없다. 마음이 꽉 막혔다(뻥 뚫어졌다), 마음이 휑하다(허전하다), 마음을 푼다(추스른다), 마음에 못이 생겼다(앙금이 생겼다), 마음을 낸다(못 낸다), (할) 마음이 난다(안 난다), 마음이 북받친다, 마음을 억누른다, 마음이 찢어진다, 마음을 다독인다, 마음이 고달프다, 마음을 드러낸다(감춘다), 마음을 쏟는다, 마음을 붙인다, 마음이 부드러워진다(거칠어진다), 단단히 마음먹고, 마음에 없는 소리(있는 소리), 마음이 푸근하다(메말랐다), 마음이 비단 같다(까칠하다), 마음을 잡는다(못 잡는다), 마음이 무겁다(가볍다).

마음은 이렇게 어디로 튈지 모르고 온갖 그림을 다 그린다. 마음을 따라가려면 몸은 가랑이가 찢어진다. 하루에도 수백 수천 번 바뀐다. 이 마음을 길들이고 마음의 고삐를 쥐는 것이 마음 닦음이고 마음공부다. 마음을 내려놓기도 하고, 마음으로 받들기도 하고, 누구를 마음으로 모시기도 한다. 뒤엉킨 마음의 가닥을 풀기도 하고, 어수선한 마음을 다스리기도 하고, 고삐 풀린 마음을 다잡기도 한다. 그래도 그게 마음먹은 대로 되지 않는다. 한눈팔 새도 없이 마음이 어지러워진다. 마음 맑힐 물도 없고, 밝힐 불도 없다. 그래서 마음이 어둡고, 마음이 환해지지 않는다. 마음의 때를 씻을 길이 없다. 마음먹고 대들어도 제풀에 마음이 무너진다.

이 마음이 저 마음과 다르다. 남의 마음까지 헤아릴 겨를이 없다. 내 마음 나도 모른다. 여자의 마음만 갈대가 아니다. 바람이 불지 않아도, 깃발이 나부끼지 않아도 내 마음이 먼저 흔들린다. 잡을 길이 없다. 마음이 저지르는 짓 막을 수가 없다. 귀를 막고 눈을 가려도 마음은 소리 없이 다가오기도 하고 천리만리 달아나기도 한다. 가는 마음이 없어도 오기도 하고, 떡 줄 마음이 없어도 김칫국부터 마시기도 한다. 마음에 쌓인 빚에 마음이 짓눌리고 마음 가벼워질 날이 없는데, 저승길은 코앞이다. 이 마음 어찌할까? 마음에 없는 말 입 밖에 내지도 말라고? 내 말에 마음이 실리지 않아 믿기지 않는다고? 니 맘대로 해.

→ 42. 몸, 56. 생각하다

# 36

# 만나다

'만나다'라는 말의 뿌리는 '맞나다(마주나다)'에 있다. 떡잎은 마주난다(맞난다). 콩에서 나는 떡잎을 보면 이 '맞남'('만남'으로 소리 난다)이 이들을 살리는 데 얼마나 큰 몫을 하는지 알 수 있다.

'만남'은 '맞섬(Gegenstehen)'과 달리 '너'를 대상(Gegenstand→object) 으로 하지 않는다. 대상은 나와 맞선 것이다. 내 앞길을 가로막 는다. ('object'라는 말은 라틴어 'obicere'에서 나왔는데, 이 말은 '길을 가로막는다' 는 말이다. 우리말로는 걸림돌이다. 이 말을 일본 사람들은 한자어를 빌려 '대상'으 로 옮겼고, 우리는 그 뜻도 제대로 살피지 않고 그대로 갖다 쓰고 있다.) 내 눈길 이 닿는 곳에 있는 것, 내 눈길을 가로막아 그 뒤에 있는 것이 보 이지 않게 가리는 것이 대상이다. 그것이 무엇인지를 알아야 어 떻게 할지 손쓸 수 있다는 점에서 대상은 내 눈길에 맞서 있다.

내가 너를 대상으로 여긴다는 것은 내가 너를 만나 '우리'가 될 수 있음을 포기한다는 것과 다름이 없다. 우리는 맞서지 말고 만나야 한다.

➡ 12. 나, 17. 너, 80. 우리

# 37

# 만들다

사람이 만드는 것은 망가진다. 빨리 만드는 것은 빨리 망가지고, 더디게 만드는 것은 더디 망가지기도 하나 꼭 그렇지는 않다. 중세 우리말 '밍글다'가 '만들다'로 바뀌었다. 사람 손을 탄것, 만들어진 것, 다시 말해 '밍ㄱ르'진 것은 '망그러지'기도 한다. 망가지기도 한다는 뜻이다.

요즘에는 아무 데나 만든다는 말을 쓴다. 사람 만든다(기른다), 돈 만든다(번다), 술 만든다(빚는다가 맞는 말이다), 밥 만든다(짓는다), 옷 만든다(짓는다), 반찬 만든다(마련한다), 김치 만든다(버무린다), 그물 만든다(뜬다), 연장 만든다(벼린다), 그릇 만든다(빚는다), 꿀 만든다(뜬다)…… 모두가 만든 것(제품)이 된다. 정부도 만들고(세우고), 대통령도 만든다(뽑는다). 만들지 못할 것이 없다(망그러지지 않을 것이 없다). 쓸모없는 것도, 좋은 것이 없는 것도, 돈만 되면 만든다. 돈이 돈을 만든다. 쓰레기도 만들고 몸 파는 여자, 남자도 만든다. 여권도 만들고 없는 죄도 만든다. 말도 만들고 가짜 뉴스도 만든다. 예수도 만들고 부처도 만든다.

온통 만들어진 세상에서, 사이버 공간에서, 시계가 똑딱이는 시간 속에서 사람이 만든 문명 세계에서 기술이 만든 제품에 둘러싸여 인간관계를 만든다. 우두머리도 만들고, 따까리도 만든다. (사람 위에 사람 없고 사람 밑에 사람 없다'는 허울 아래) 벼락부자도 만들고, 빈털터리도 만든다. 자본이 못 만드는 것, 못 망가지게 하는 것, 못 망가뜨리는 것은 없다.

➡ 66. 쓰레기, 91. 짓다

# 말

목을 거쳐 입에서 나오는 소리 가운데 뜻을 담은 소리. (가끔은 헛소리도 '말'로 여겨진다.) '말을 건다, 말을 건넨다, 말이 된다, 말이 안 된다, 말이 없다, 할 말이 많다, 말이 막힌다, 말을 막는다.' "말을 길게 늘인다." "말을 씹어 삼킨다." "말이 솔깃하다." "말이 말을 낳는다." "귀담아 들을 말이 없다." "달콤한 말로 꼬신다." "말 많은 것치고 쓸 말이 없다." "말로 천 냥 빚을 갚는다." "말이 말 같아야지." "그것이 말이여, 막걸리여?" "말 많으면 공산당이여." "말을 줄여라." "말이 원수여." "말이 청산유수여." "말 따로 하는 짓 따로." "말 한번 잘허네. 혓바닥에 기름 발랐는게벼." "말로 해." "말로만?"

● 프랑스 소설가 장 폴 샤르트르는 《말》이라는 자전소설을 썼고, 미셸 푸코는 《말과 것(사물)》이라는 철학책을 썼다.

➜ 28. 듣다, 58. 소리

# 말다

"아니면 말고." "그렇고말고." "한마디 하려다 말았다." "하다 말고." "되다 말고." "좋다 말았다." "아무렴, 하고말고!" "그럼, 되고말고."

'말다'에는 '그만둔다'는 뜻 말고도 얼마나 많은 느낌과 뜻이 담겨 있는가. 입술소리로 이루어진 닿소리로 시작되는 많은 말 가운데 'ㅁ'이 앞서는 '마(엄마, 마마)', '머(머름→모름의 중세말, 뭐)', '모(모 →산, 뫼)', '무(물, 무슨, 무엇)', '므(므스→무엇, 무슨의 중세말, 믈→물의 중세 말, 믈가→물가)', '미(밑→아래, 밀→낟알, 밀, 보리, 미음)' 같은 말들, 그리고 몸, 맘(마음) 같은 말들, 아이들이 즐겨 묻는 "머야 머야?" "모야 모야?" 또 "몰라 몰라" "못해 못해" 같은 말들이 담은 뜻을 살피 면, 사람들이 입 밖에 내기 가장 쉬운 소리로 가장 중요한 뜻을 담기 시작했다는 걸 알 수 있는데, 이런 현상은 우리말에만 나타 나는 게 아니다. 범세계적 언어 현상이다.

뭘 시켜도 마다하지 않고 고분고분 받아들이는 사람이 어디 있겠는가. 내가 보기에 많은 일들이 '하다 말다' 하는 사이에 이루어진다. 해야 한다고 우기는 사람이 있는가 하면, 하지 '말라'고 '말리는' 사람도 있다. '하고말고'는 때에 따라 다르다. 끝까지 굽히지 '말고' 맞서야 할 때도 있고, 고집 세우지 '말고' 따라야 할 때도 있다. 다만 '아니면 말고' 하며 말꼬리를 사리는 사람은 멀리하는 게 좋다.

# 40

# 먹다

이 말에는 굶주린 사람이 '밥 먹듯'이 '마음먹고' 달려들어야겠다. 다 '먹고살자'고 하는 짓이니까. '잘못 먹으면' 배탈 나기 십상이겠지만. '따먹는다'는 말이 있다. '감도 따 먹고, 앵두도 따 먹고' 뭐가 문제야? 아, 이놈이 글쎄 사람을 두고 '따먹었다'는 말을 쓰잖아. (그런 속된 말을 써서는 안 되지.) "돈 놓고 돈 먹는다"는 말은 어때? (이것도 속되기는 마찬가지 아닌가?) 다 그러잖아. 특히 헤지 펀드 하는 놈들 다 돈 먹는 하마들 아냐? 타락했어. 아무 데나 '먹는다'는 말을 붙여.

옛날에는 "굶주린 사람들이 서로 잡아먹었다(기민상식)"는 기록이 남아 있을 정도로 먹고살기가 어려웠다지만, 요새는 먹을 것이 널려 있잖아. 못 먹을 게 없어. '말'도 먹어(점잖은 말로 '식언'이라고 하지). 약속 안 지키는 거? 그래. 갑자기 꿀 먹은 벙어리가 되는 거지. '나물 먹고 물 마시고 양이 차면 배를 북 삼아 두드리고(함포고복)'. 지금이 요순시대야? '욕정은 질투를 먹고 자란다'는 어때? 누가 먹물 아니랄까 봐? 우물에서 숭늉 찾을 생각 말고, '그

거 삼삼한데 먹어버릴까?' 하는 응큼한 생각도 말고, 건전한 먹을거리 한번 찾아봐. (요즘 '먹거리'라는 말이 번지고 있는데 이것은 틀린 말이라는 게 내 생각이다. 옷걸이, 귀걸이, 코걸이라는 말은 있어도 '먹'은 이름씨가 아니므로 새로 만든 먹거리라는 말은 안 쓰는 게 바람직하다.)

"약 먹었나?"라는 말 들어본 적 있어. 그래 몸이 아프면 약을 먹어야지. 그런 뜻이 아니고, 뇌물 먹고 입 다물거나 뜬금없이 엉뚱한 말을 할 때 쓰는 말이야. '물먹는다'는 어때? 헛물켠다는 뜻인가? 아니, 그보다 더 깊은 뜻이 있어. '물 먹인다'는 말과 짝을 이루는데, 등돌림 당한다는 뜻이야. 그것보다는 차라리 뒷돈 먹는 게 낫겠다. 돈을 먹으려면 버젓이 먹어야지, 왜 뒤에서 먹어? 그건 똥구멍으로 밥 먹는 거나 진배없어. 세상이 온통 먹자판이야. 아무나 아무거나 먹어. 정치하는 놈들이 더 해. 곱게 먹고 곱게 싸야지. 함부로 먹다가는 배탈 나. 이제 먹을 거 떨어졌나?

# 41

# 모르다

"알면 하고 모르면 못하는 게 아닌가?" "알면서도 못하고. 모르면서도 할 때가 있지." "그래도 알고 하는 것과 모르고 하는 것이 다르고 (할 줄) 알면서도 (할 수 없어서) 못하는 것과 (할 줄) 모르면서 (아무렇게나) 하는 것도 다르지."

왜 갑자기 수수께끼 같은 말을 주고받는 거야? 그럴 까닭이 있어. 중세 우리말에서 '못하다'는 말은 '몯다'거든. 그런데 'ㄷ'은 뒤에 'ㄴ'이 붙으면 'ㄴ'으로 소리가 이어지고(이튿날→이튼날) 'ㄹ'이 이어지면 'ㄹ'로 소리가 나('몯'라→'몰'라). 그래서 내가 못(몯)하면 모르는 거고 모르면 못(몯)한다는 거야. '모르다'와 '몯다(못하다)'의 말뿌리가 같을 수도 있다는 거지. 한 귀로 듣고 다른 귀로 흘려도 돼. 꼭 그렇다고 우길 생각은 없으니까.

"아, 나도 몰라." "모르면 국으로 잠자코 있을 것이지 왜 아는 척해?" 이렇게 해서 우리는 저절로 '모르다'가 '알다'와 맞선 짝이고 '모롬(모름)'은 '아롬(앎)'과 떨어진 듯 이어져 있고, 이어진 듯 떨어져서 등 돌리고 있다는 것을 알 수도 있고 모를 수도 있다.

"너 이거 알아?" "몰라 몰라, 알고 싶지도 않아." "모르면 배워서라도 알아야지." "잘난 너나 많이 배워. 난 모르는 게 더 좋아." "이러지 말자. 모르고 사는 게 좋아, 알고 속는 게 좋아?" "징그러운 인간. 데이트하자고 해 놓고 꼭 모르는 것만 물어요. 그래, 졌어. 나는 무식해. 좆도 모르는 수컷이야. 넌 유식해서 뭐든지 아는 교양녀고." "교양년인지 무식놈인지 그딴 건 제쳐놓고 너 정말 이거 모르는 거야?" "손에 쥐여줘도 몰라." "이거 엄청 쉬워. 이 더하기 이는 사(2+2=4)보다 더 쉬워. 그러니까 모른다고 지레 손사래 치지 마." "이 더하기 이는 사보다 더 쉽다고? 그러면 이건 정말 몰라서 묻는 건데, 왜 이 보태기 이(2+2)는 이 곱하기 이(2x2)와 같아? 다른 건 보태기와 곱하기에서 나오는 숫자가 다르잖아? 왜 이(2)만 더하나 곱하나 사(4)냐고?" "그건 음, 몰라도 되는 문제야. 자명하잖아. 초등학교 일 학년생도 답을 아는 문제야." "까닭은 모르고 답만 알면 다 되는 거야?" "아, 몰라. 너하고 입씨름하다 보면 속만 터져." "아, 유식하고 무엇이든 다 알거나 다 알고 싶어 하는 우리 교양녀 님. 모르는 게 약이라고요. 모를 것투성이인 세상에서 쥐꼬리만 한 것 하나 더 안다고 으스대거나 모른다고 기죽을 것 하나도 없다고요. 그것 안다고 살길이 열리는 것도 아니고, 모른다고 저승차사 찾아올 것도 아니니,

날도 좋은데 손잡고 걷기나 합시다."

➜ 73. 알다

# 42

# 몸

몸이 무거운 사람이 있고, 몸이 무거울 때가 있다. 몸이 말한다. 몸 따로 마음 따로인 것 같지만 반드시 그런 것은 아니다. 옛날부터 몸과 마음을 따로 보는 사람이 많았다. 때와 곳을 가리지 않았다. (요즘에도 몸과 마음의 문제는 예나 마찬가지로 철학의 한 중요한 분야로 여긴다.) "사람이 죽으면 몸은 흙으로, 물로 돌아가지만 얼과 넋은 바람(숨)이 되어 하늘에 떠돌거나, 이리저리 돌아다니다 몸 붙일 데가 있으면 다시 몸으로 스며들어 다른 삶을 살아간다." (게을리 산 사람은 소가 되고 개나 돼지가 되는 사람도 있고, 지렁이나 말미잘이나 풍뎅이나 풀꽃 같은 것이 된다고 믿는 사람도 있다. 지옥이나 극락이나 천당에 간다고 여기는 믿음도 있다.)

이런 생각이나 믿음을 어떻게 받아들여야 할까? 아이 낳는 걸 '몸을 푼다'고 하기도 하고, 무거웠던 '몸이 가뿐해질' 때도 있다. '몸으로 때운다'는 말도 있다. '몸부림'칠 때도 있다. '몸이 말을 안 들을 때'도 있다. 우리 어머니와 아버지가 '몸을 섞어서' 나를 낳았다. '한몸'이 된다고 꼭 한마음이 되리라는 법은 없다. '몸을 부릴' 때는 함부로 부려서는 안 된다. 때맞춰 '몸에 좋은 것'을 먹어야 하는데, 아무것이나 가리지 않고 먹어서 '몸이 상하기'도 하고, '몸 팔아서' 살 수밖에 없는 이들도 있다. '몸이 걸레'가 되었다고 느껴질 때도 있다. '어린 몸, 젊은 몸, 늙은 몸'은 흐르는 세월에 따라 바뀌는 몸만을 뜻하지는 않는다. 거기에는 가여워하는 눈길이 담기기도 하고, 꾸짖는 말이 되기도 하고, 변명도 섞여 있다. 가끔 '몸을 탐해서' 마음에 없는 말로 발라맞추기도 한다. 제 몸 아끼는 일이야 너도나도 한다. 몸은 감옥이 되기도 하고, 제 몸 버려가며 남을 살리는 희생의 제단이 되기도 한다. 제 한 몸밖에 모르는 사람도 있다. 몸을 어떻게 쓸지는 마음에 따라 달라지기도 한다. 분 바르고, 연지 찍고, 얼굴 뜯어고치고, 지방 흡입으로 살 빼고…… 온갖 짓을 다 하면서 몸치장을 해도 그 몸이 그 몸일 때도 있다. 몸 놀려 사는 삶은 머리 굴려 사는 것보다 힘들지만 더 떳떳하다(는 게 내 생각이다).

→ 35. 마음

# 43

## 못하다

안 하는 것과 못하는 것은 다르다. 안 하는 것은 제 뜻이지만 못하는 것은 '차마 못 하는 것'을 빼고는 제 뜻이 아니다.

"못난 놈이 못 하는 짓이 없다." "잘못했습니다." "못할 때도 있지, 꼭 다 잘하라는 법 없잖아." "그래도 그렇지, 할 건 한다고 못할 건 못한다고 딱 잘라 말해야지." "잘할 것 같아서 달려들었는데 못할 수도 있는 거 아냐?"

"아무래도 저 녀석 잘못 키운 것 같아." "잘잘못은 지나 봐야 알지. 자식이 애비만 못해서 되겠는가." "하긴 그래. 그래도 아비만 못한 걸 보면 열불이 나." "쟤가 못하는 게 뭔데?" "나이 서른에 계집 하나 후리지 못하잖아." "못하는 게 당연하지." "왜 못해?" "자네도 그 나이에 못 했잖아." "이년은 저년만 못하고, 저년은 그년만 못하고, 자꾸 저울질하다 보면 언 년 하나 꿰차지 못할 게 뻔한데……" "못하는 게 아니라 안 하는 거지."

"그게 아니라요. 제가 아버지 닮아 하도 까칠해서 아무도 다가서지 못하는 거거든요." "허 못난 놈, 말 못 하고 죽은 귀신 없

다더니." "못난 아비에 못난 자식이다. 더는 듣지 못하겠다. 나
갈란다."

➡ 97. 하다, 71. 않다, 26. 되다

# 44

# 무엇

　"머?(무어, what)" "이 머꼬?(시심마)" "머시냐?(무엇이냐)" '머'는 '마' 와 함께 가장 쉽사리 입 밖에 낼 수 있는 또렷이 가려지는 소리 다. 송아지도 '움머' 하고 울고 강아지도 '멍멍' 짖는다. 옹알이하 던 젖먹이가 돌 앞뒤로 '마'나 '머'로 들리는 소리를 내면 엄마의 입이 함지박만 하게 벌어진다. "애가 나를 알아봤어. 나를 불러. 아이고, 이쁜 내 새끼." 좋아서 어쩔 줄 모른다. 저도 모르게 입 술을 달싹여서 내는 소리인데, 이렇게 눈을 크게 뜨고 호들갑을 떠니, 이 꼴을 보고 자꾸 입 밖에 내는 수밖에. 아, 이것이 내가 칭얼거릴 때마다 젖 주고, 기저귀 갈아주고, 업어주고, 안아주 고 둥개둥개 해주는 이 머시기 거시기를 가리키는 소리구나. 마, 마, 마. 그래서 새끼를 낳은 암컷의 이름은 '마(엄마)'로 굳어진다. 어느 때, 어느 곳에서나 마찬가지다(유식한 말로 만국 공통의 엄마 이름 이다). '머'는 입술이 더 힘없이, 덜 열릴 때 나는 소리인데, 이 소 리가 엄마한테는 또렷이 다가오지 않는다.

　"머라고?" 마음으로 되새긴다. (제멋대로 '노가리'를 푼다고? 그래, 내

멋대로다. 어쩔래?) "사랑이 무어냐고 물으신다면 눈물의 씨앗이라 말하겠어요." '모'르니까 '묻'는다. '모'나 '무'는 힘을 주어 입술 모양을 바꾸어야 하니까 소리내기 조금 더 힘들다. '모'나 '무'도 원초적이고 본능적인 발음인 것은 마찬가지다. 어느 나라에서나 마찬가지다. 그래서 중국 사람들은 '어미 모(母)'를 써서 '없을 무(無)'를 대신하기도 한다. 젖먹이에게는 목마름이 곧 배고픔이다. 그래서 '마'보다 더 힘을 주어 내는 소리가 '무'다. 아, 물이 먹고 싶다고? 재깍 젖을 입에 물린다. '물'이라는 말은 이렇게 아이의 머릿속에 자리 잡는다.

까짓거 한 걸음 더 내딛자. 어차피 엉터리 말풀이라고 손가락질받을 텐데 가릴 게 뭐 있어. 선승들이 '무' 자 화두에 그렇게 매달리는 것은 '물'을 찾는 것이다. 목이 말라요. 물을 마시고 싶어요. "무무(母母, 엄마 엄마)."

국어학자들은 5세기까지, 아니, 그보다 훨씬 뒤까지 이 땅에 복모음이 자리 잡지 못했다고 말한다. 그 말을 그대로 믿는다면 (왜냐하면 말소리 바꾸기를 싫어하는 영남 지역 사람들은 아직도 '뭐'나 '뭣'이라고 소리내기 마다하고 '머'라고 하니까) '무엇'이나 '뭐' 소리의 원형(본디꼴)은 '머'다(라고 나는 우기는 바이다). '머(무어, 무엇)'냐고 물어서 모르는 것을 알고자 하는 이 '타는 목마름'이 아이에게 "머야, 머야?(뭐야 뭐

야)"를 입에 달고 살게 한다. 알아야 살아남을 수 있으니까. 그러
나 멋(무엇)이 멋(무엇)인지는 손에 쥐여줘도 모른다.

# 45

# 물

물. '맑'기도 하고 '붉'기도 한 물. 물기가 많은 반죽은 '무르'다. 불이 '밝'기도 하고, '붉'기도 하고, 달아오른 볼이 '불그레'한 것과 마찬가지다. 이 나라는 물 좋기로 이름난 나라다. 오죽하면 '물 수 변'이 붙은 한자 '맑을 정(淨), 맑을 청(淸), 맑을 결(潔)'을 중세말에서 다 '좋다'로 옮겼을까. '물 좋다'는 말은 다른 뜻으로도 쓰이지만, 본디 뜻은 '물'이 청정해서 마셔도 탈이 없다는 말이다. 흙탕물과도 다르고 검게 썩은 물과도 다르고 오염된 물과도 다르다.

물 없는 땅에서는 아무것도 살 수 없다. 사막이 살아 있는 것도 가끔 비가 내리고 그 안에 물을 품고 있기 때문이다. 물 걱정 없는 곳에서 살아간다는 것만으로도 얼마나 복된가. '만물의 근원은 물'이라고 한 철학의 아버지 탈레스는 바른말을 한 셈이다. 샘물, 시냇물, 강물, 바닷물. 하늘에서 내리는 빗물은 땅속에 깊이 숨기도 하고(그러다 샘물이나 우물물로 솟아오르기도 하고), "샘이 깊은 물은 가뭄에 마르지 않으니, 내를 이루어 바다에 간다"는 〈용비어천가〉의 첫 구절을 이루기도 하고, 둘레에 펼쳐진 땅을 적셔 온갖 풀과 나무들이 그 물을 빨아올려 움 돋거나 무럭무럭 자라게도 하고, 그 물이 강이나 바다를 이룰 만큼 폭과 깊이가 커지면 그 안에서 온갖 산이(생명체)들을 길러내기도 한다. '즈믄 가람에 찍힌 달(월인천강)'은 물낯(수면)에 비친 달의 얼굴이다. "젖 좀 주소, 젖 좀 주소." 젖먹이의 앙앙대는 울음에 섞인 소리는 "물 좀 주소, 물 좀 주소"와 다름이 없다. (그래서 우리 속담 '목마른 놈이 우물 판다'는 말도 생겨났다.) 어미의 젖통 속에 가득 담긴 물, 생명수. 젖먹이 짐승들은 너나없이 이 물을 마시고 자란다. 우리나라는 삼면이 바다다. 물에 둘러싸인 나라라는 뜻이다. 산에서는 맑은 물이 흘러내리고, 바다에는 물고기들이 지천이다. 살기 좋은 나라다. 동강 난 허리가 이어지면 부러울 게 없는 나라다.

이런 물 좋은 나라에서 태어난 게 고맙고 또 고맙다. '우리의 소원은 통일' 이미 이어져 있는 물길과 바닷길을 본받아 철조망을 걷어내고 대한 국민도 조선 인민도 아닌 '우리나라 사람'으로 살 날을 기다린다. 그 마중물을 붓고 또 붓자.

➡ 52. 불, 47. 바람, 100. 흙

# 46

# 바다

중세에 우리 할배들은 혀짤배기소리로 '바다'를 '바드'라고 하기도 하고 '바룰'이라고 부르기도 했다. 내가 사는 변산반도는 서해바다에 코를 내밀고 있다. 이 바닷가에 스물다섯 해 남짓 누질러 앉아 살면서 내 코도 바다 냄새에 쩔었다. 상사화가 하얗게 핀 섬 바위 벼랑에 뛰어내릴 곳도 눈여겨보아 두었다. 주고받아야지. 고기들이 아낌없이 제 살을 내주었는데. 늙고 쪼그라들어 질기고 맛도 그렇고 그렇겠지만 "풍덩!" 생각만으로도 아찔하다.

바다는 언제 보아도 물리지 않는다. (동해나 서해나 남해나 다 마찬가지다.) 어지간히 바닷가를 싸댔다. 갯강구, 꼬시래기, 보말고둥, 바지락, 삿갓조개, 따개비…… 그리고 그 많은 바닷물고기들. 나만큼 못생긴 삼세기, 아귀에서, 산호초의 물살을 일으키며 꼬리치는 몸살 날 만큼 이쁜 (그림과 영상으로만 본) 고것들. (내가 그림쟁이 조광현이 그린 갯벌 그림을 보고 홀딱 반해서 세밀화로 바닷물고기들을 그려 보지 않겠느냐고 꾀자 그 말 덥석 물어 내가 월척 했지. 미끼가 좋아야 고기가 잘 문다고 하던데, 그것도 아니더만.)

"도가 물 같고 갓 없고 밑 없는 게 바다 같으리라."《원각경언해》머리말에 나오는 글이다. '도(道)'가 뭐지? 살길이고 살릴 길이겠는데, 물길은 어디로나 뚫려 있고 갓이 없다는 말은 끝이 없다는 말이겠는데 잘못하면 온 나라가 고속도로가 되겠네? 그리고 '도'가 깊다는 말은 알겠는데 아무리 깊어도 바다가 밑 빠진건 아니고, 그 밑에 쓰레기도 쌓여 있어요. 아, 참. 이 경전 쓸 때는 인공 쓰레기는 없었겠구나. 젠장. 아리송한 말로 사람 헷갈리게 하지 말고 차라리 "바닷속에는 이쁘고 먹음직한 물고기가 많고 그 많은 고기들이 떼 지어 다니는데, 알고 보면 그 길이 아무나 어디로나 다닐 만큼 사통팔달한 게 아니고 저마다 살길이 따로 나 있더라" 하고 자분자분 이야기하면 어디 덧나?

자크 쿠스토, 내가 좋아하는 해양학자다. 본디 철학을 공부했다는데 일찌감치 걷어치우고 평생을 자맥질로 살았다 한다. 그리고 그때까지《바다 밑 이만 리》라는 공상소설에나 나오던 그 바다 밑을 처음으로 가장 깊이 들여다본 사람이라고도 한다. 길은 이렇게 뚫어야지. 못도 못 박을 그 머리통 굴려 길을 찾아? 떼굴떼굴 구르다가 그 머리통 수렁에 빠지면 스스로는 못 기어 나오고 남의 손이라도 빌려야 겨우 빠져나올 텐데……. 바다 같은 너른 마음으로 이해하셔. 못 해. 싫어!

# 47

# 바람

물은 맑고 불은 밝고 바람은 불어. 모두 입술소리야. 입술만 달싹거려도 낼 수 있는 소리. 이런 소리 안에 우리네 할배 할매들은 우리 삶에 맞닿은 가장 아끼는 것들을 골라 뜻을 담았어. 엄마, 아빠, 몸, 맘, 배, 발, 밀, 보리, 물, 불, 마루, 마당, 방……. 바람도 그 가운데 하나야. "너는 처녀, 나는 총각, 처녀 총각이 바람이 났네, 얼싸 좋아 군밤이여." "산 너머 남촌에는 누가 살길래 해마다 봄바람이 남으로 오데." '오가는 바람에' "허파에 바람 들었나?" 이처럼 바람은 오기도 하고, 가기도 하고, 나기도 하고, 들기도 하고, 떠돌기도 하고, 못하는 짓이 없지. 춤바람만 바람이 아니야. 치맛바람도 바람이지.

이 늙은이는 바람둥이여서 바람 많이 피웠지. 그야말로 바람 잘 날 없을 만큼. 김수영의 〈풀〉이 아니어도 바람보다 먼저 눕고 바람보다 먼저 일어설 때도 많았어.(아쭈!) '떠도는 바람처럼' 살아온 거야. 그런 나에게 이 나이에 무슨 바람이 있겠어? 더 바라는 게 없어. 그래도 마지막 바람이 있다면 백두산 처녀와 한라

산 총각이 철망과 지뢰가 말끔히 걷힌 옛날 휴전선 언저리에서 입 맞추고 배 맞추어 분단을 모르는 아이들을 낳는 거지. 남녘 북녘, 처녀 총각들이 떼거리로 바람이 나서 그 바람으로 이념도, 전쟁의 공포도 날려버리는 거야.

바람을 가장 잘 아는 사람은 바람에 몸을 맡긴 사람이야. 바다에 나가 그물을 던지는 고기잡이(얕보는 말로 '뱃놈')들이지. 그이들이 목숨 걸고 바람에 붙인 이름들 덕에 우리는 '새'가 동쪽, '하늬'가 서쪽, '마'가 남쪽, '높'이 북쪽을 가리키는 이름이라는 걸 잊지 않고 있어. '샛바람, 하늬바람, 마파람, 높새바람'이라는 말은 요즈음에도 쓰이거든. 이처럼 밑바닥 민중들이 지켜 온 말들은 이 밖에도 헤아릴 수 없이 많아. 가르치려 들지 말고 배워야 해. 인민대중(민중)의 집단 지혜는 어떤 슬기로운 개인도 따를 수 없어. "마파람에 게눈 감추듯" "높새바람에 돛대 부러지고" "하늬바람에 단풍 들고" "높바람, 된바람에 눈발 날린다." 그렇게 바람은 철마다 달리 불고, 철 따라 바뀌고, 제 바람대로 철을 바꾸기도 해.

➡ 45. 물 52. 불, 100. 흙

# 48

# 받다

　'주다'와 짝을 이루는 말. 주기만 하는 사람도 있고, 받기만 하는 사람도 있다. 잘 주는 사람도 드물고, 잘 받는 사람도 드물다. 늘 한쪽으로 쏠리는 일이 잦다.

　"말로 치고받는 걸 입씨름이라고도 하고 말다툼이라도 하지." "주고받아야지, 왜 치고받아?" "씨 받는 것도 받는 거야?" "줄 때 받아 챙겨야지." "받자 받자 하니까 끝이 없네." "선물인지 뇌물인지 알고 받아야지." "주는 것 없이 받기만 하려 들면 속이 들여다보여." "뇌물로 집 한 채 받았다며?" "돈도 받고 몸도 받고." "손부끄러워 어떻게 그걸 받니?" "그만큼 받아 처묵었으면 됐지." "머리로 받아버릴까?" "치고받는 건 야구 선수들이나 하는 짓이야." "주는 것만 죄가 아니야. 받는 것도 죄야." "치고받는 것과 주고받는 건 달라. 주먹으로 치고 이마로 받는 것과 뇌물로 주고 선물로 받는 게 어떻게 같을 수 있냐고?" "그래, 치고받는 건 싸움꾼들이 하는 짓이고, 주고받는 건 뒷거래꾼들이 저지르는 짓이지." "나쁘게만 보지 마. 좋은 세상에서는 주고받는 게 미풍양속이야." "말도 주고받아야 대화가 되지, 혼자 씨불이기만 하면 독백이야." "되로 주고 말로 받는다는 말 못 들었어?" "콱 받아버릴라."

➡ 88. 주다

# 49

# 밤

"밤이 길다." "한여름인데도?" "역사는 밤에 이루어진다던데." "역사라는 녀석은 잠도 없냐?" "황진이 알아?" "숙진이 날진이 해동청 보라매는 알아도 황진이는 모르겠는데……." "들어봐. 동짓달 기나긴 밤을 한 허리를 베어 내어/ 봄바람 이불 아래 서리서리 넣었다가/ 정든 님 오신 날 밤이거든 굽이굽이 펴리라." "그게 뭐야? 그게 밤의 역사야?" "이게 황진이 시조야." "시시하군. 요즘 유행가 가사만도 못하네." "너 어젯밤도 홍대 갔지?" "내가 학생인가. 홍대는 왜 가." "나도 들은 게 있어. 날밤 새웠다며?" "그놈의 귀로나가 코로나보다 더 무섭네." "딴청 피우지 마. 역사 썼어?" "내가 사학자야?" 이게 낮에는 컴퓨터 키보드에 매달리고 밤을 낮 삼아 노는 애들이 홍대 앞 '포차'에서 밤새 노닥거리며 나눌 법한 이야기인가? 설마. 그런 곰팡내 펄펄 나는 구닥다리 이야기를…….

이제 밤은 사라졌다. 적어도 대도시에서는 밤이 낮이다. 밤낮이 바뀌었다. 작업장 야간 교대조에게만 밤이 사라진 게 아니다. 월스트리트에도 소공동에도 밤낮이 따로 없다. 사람 탈을 쓴 올빼미들이 환한 불빛 아래 숫자로만 이루어진 돈을 좇아 지구 구석구석을 누빈다. "돈 적다, 돈 적다" 하고 운다. 뉴욕에서도, 뭄바이에서도, 파리에서도, 쾰른에서도, 상파울루에서도, 볼로냐 마드리드에서도, 도쿄에서도, 오사카에서도 한없이 돈이 풀린다. 조폐공사에서 밤새워 돈 찍어내는 소리가 어디에서나 들린다. 코로나19를 빌미로 사상 유례없는 독재가 세계 어디에서나 국민들의 자발적 협조로 지역을 봉쇄하고 영업시간을 줄이고 통금(통행금지)을 실시한다. 지엔피(GNP)가 떨어지고 실업자가 양산되는데 빈부 격차는 한없이 벌어진다. 온 세상이 도박판이 된다. 한밤에도 시체 태우는 연기가 대기권을 뒤덮는다. '밤의 대통령'은 아직까지 건재하다. 온 세계가 부글부글 끓는데도 혁명은 없다. 그나마 타올랐던 촛불마저 밤을 빼앗겨 꺼져간다. 대한민국의 밤은 진영 싸움의 시간이다.

낮에는 일터에서 시달리고 그나마 쫄아들 대로 쫄아들어 쪽잠을 자야 할 만큼 짧은 밤 시간에도 우리 진영은 가짜 뉴스에 분개하고 탄식하면서 상대 진영의 적들에게 이를 갈아야 한다.

# 50

# 버리다

"나를 버리고 가시는 님은 십 리도 못가서 발병 난다." "바리고 가시리잇고……." 버림받고 좋아할 사람은 없다. '사람 버렸다'는 말을 듣고 벌컥 하지 않을 사람도 없다. 왕실도 버리고, 처자식도 버리고 어느 날 왕궁의 울타리를 넘어 설산으로 들어간 석가모니 부처의 마음자리가 어땠을지는 모르겠으되, 사람이나 물건을 함부로 버리는 것은 못된 짓임에 틀림없다. 아껴도 모자랄 판에 버린다? 도움이 안 된다고 버리고, 쓰레기라고 버린다? 쓸모없다고 버리고, 귀찮다고 버리고, 거추장스럽다고 버리면 뭐가 남는데?

그러나 우리가 흔히 쓰는 말은 내팽개친다는 뜻을 지닌 '버리다'가 아니다. '해버리다, 되어버리다, 웃어버리다, 울어버리다, 들어버리다, 보아버리다'와 같은 다른 움직씨 뒤에 붙어 앞말에 힘주거나 그 말을 꼬아버리는 조동사(도움움직씨)로서 '버리다'이다.

나는 버리는 게 싫다. 버림받는 것도 싫다. 그래도 나도 몰래 남이 나에게 좋으라고 하는 말을 한 귀로 흘려버리기도 하고, 그래서는 안 될 사람을 좋아해 버리기도 한다. 자리를 박차고 일어서 버리거나, 버럭 화내 버리거나, 쓸데없는 말을 지껄여 버리거나, 다독거려주어도 될 텐데 등 돌려 버리거나, 할 말도 못 해 버리거나, 일껏 마련해준 일에서 손 털어 버리거나, 참아야 되는데 말대꾸해 버리거나, 버릇없이 어른에게 대들어 버리거나, 잊어서는 안 되는 약속을 잊어버리거나, 섰다판에서 큰돈을 잃어버리거나, 중요한 문서를 후르르 읽어 치워 버리거나, 좋은 기회를 걷어차 버리거나, 술값 내겠다고 큰소리치고 슬그머니 꽁무니 빼 버리거나, 자리를 지키겠다 해놓고 가 버리거나, 약속 시각에 5분 늦었다고 토라져 버리거나, 몸 아프다고 핑계 대고 집에 와 버리거나, 힘들어서 못 가겠다고 주저앉아 버리거나, 이리 버리고 저리 버리다 망해 버렸구나. 그러다 보니, 올데갈데없는 놈 데려다 사람 만들어놓았더니, 하루아침에 배신해 버렸구나. 그러고 보니, '버리다'는 말 아무 데나 갖다 붙여 버려도 되는구나.

➡ 3. 가지다, 66. 쓰레기

# 51

# 보다

'눈길이 닿아 안다'는 뜻에서 여러 가지 뜻이 가지 친 말. '집을 본다'는 건 집을 지킨다(또는 살 집을 알아본다)는 뜻이고 '장을 본다'는 건 '시장에서 물건을 산다'는 뜻이다. 맞선을 보거나 며느리나 사위를 보기도 하고 이익이나 손해도 본다. 맛을 보거나 손을 보기도 한다. 관세음보살은 세상 소리를 '보는 이'다.

옷은 입어 보고 신발은 신어 보고 모자는 써 본다. 꽃내음은 맡아 보고 새소리는 들어 보고 발밑에 보드라운 흙은 만져 본다.

'아기를 본다'는 말은 '아기를 돌본다, 보살핀다'는 말이다. '우러러본다'는 건 존경한다는 뜻이고 '얕보거나 깔본다'는 건 사람을 낮추어 하찮게 여긴다는 말이다. '훔쳐보거나 엿본다'는 건 몰래 본다는 말이고 '욕본다'는 건 고생하거나 망신당한다는 말이다. 어떤 사람은 남의 좋은 점을 몰라보고 안 좋은 점만 찾아 흉보기도 한다.

세상에는 겉보기와 다른 것들이 너무나 많다. 그러니 둘러보고 가려보고 들여다보고 눈여겨보고 살펴보고 새겨보아야 한다.

"백 번 듣는 것보다 한 번 보는 게 더 낫다(백문불여일견)."

→ 22. 눈

# 52

# 불

"불같이 화를 낸다." "온 산이 불붙는 듯하다." "가슴에 불이 붙는다." "방에 불을 넣으니 아랫목이 따뜻해진다." '거시기' 밑에 알이 있고, '거시기' 둘레에 두덩이 있고 꽃이 있어. 그래서 '불알'이라고 하고 '불두덩'이라고 하고 '불꽃(불거웃)'이라고 해. 그러면 '거시기'는 뭐지? 그야 '불'이지. 성냥불, 장작불, 연탄불, 전깃불만 불이 아니야. 옛 우리 할배들은 '좆'도 '불'이라고 했어(점잖은 말로 하면 불은 생식기이기도 하고 생명의 원천이기도 해). 굳이 불이 '만물의 원천'이라고 한 헤라클레이토스를 들먹이지 않아도 돼. 해(태양)도 불덩이야. 그래서 '해부루(해불)'라는 이름도 생긴 거야. 가슴에 불을 지르는 사람이 있어. 그러면 물불 안 가리게 돼 불같이 일어서는 거야. 자기도 모르게 불길에 휩싸이는 거지. 민심은 불 같은 거야. 화르르 타올랐다가 꺼져버리기도 하지만 온 나라를 다 태워버릴 수도 있어. 옥과 돌을 가리지 않아. 다 태워버려.(이걸 한자어로는 옥석구분이라고 해. 옥석을 가린다는 뜻이 아니야. 다 태워버린다는 뜻이야.) 불이라는 게 먹을 걸 익히고, 방구들을 데운다고만 여기지 마. 물이 휩쓸고 가면 그래도 남는 것이라도 있어. 떠내려가는 것도 남는 거야. 그러나 불길이 휩쓸어가면 남아나는 게 없어. 모두 잿더미가 돼. '불질을 한다'는 말도 있어(총을 쏜다는 옛 말이야). '불장난'이라는 말은 여러 가지 뜻을 담고 있어.

'가난한 이의 불 등잔 하나(빈자일등)', '촛불의 미학', 다 좋은 말이지. 프랑스 과학 철학자 가스통 바슐라르는 불을 두고 《촛불의 미학》, 《불의 정신분석》 같은 책들을 썼어. 불이 우리 머릿속에서 지피는 상상력은 남다른 데가 있어. 등불, 촛불, 모닥불, 아궁이에서 타는 장작불……. 제 몸을 태운 잿더미에서 되살아나는 불사조도 이러한 상상력의 산물이야. 거지들은 모닥불에 살찐다고 해. 헐벗고 굶주리면 살이 마르고 피가 식는데. 그나마 곁불이라도 쬐고 있으면 나아진다는 말이야. '불타오르는 눈빛' 그런 눈빛 본 적 있어? 눈에서 이글이글 불이 타오르는 거야. 그 안에 사랑이 담겨 있기도 해. 그렇다면 마음 놓아도 되지. 그러나 그 안에 분노가 담겨 있다면? 그만할래. 배화교, 그냥 생긴 거 아냐. 조로아스터교. 온 세상이 불붙고 있어. 안 보여?

➜ 45. 물, 47. 바람, 100. 흙, 72. 알

# 사람

두 뒷발로 서고 두 앞발(팔)을 놀려 먹을 것, 입을 것, 잠자리를 마련하는 짐승을 가리키는 말. 머리통이 몸통에 견주어 크고 그 머리통 안에 갖은 생각이 꿈틀대는 '사니(산이)', 생태계를 마구 파헤치면서 스스로 '뭇산이(생명체)' 가운데 으뜸이라고 으스대는 같잖은 짐승이 바로 사람이다.

말뿌리가 '살'이나 '살다(살암→사람)'에 닿아 있을지 모른다(몸에 살이 붙거나 살아가는 일이 사람에게 가장 앞서 마음 가는 일이므로). 사람은 얼과 넋을 갖춘 뭇산이 가운데 가장 말이 많고 (그 가운데 열에 아홉은 쓸모없는 말이다) 그 말로 발라맞추거나 헐뜯는 짐승이다. '사람답다' '사람 같지 않다' '사람이니까' '사람이 됐다' '사람 노릇' '짐승만도 못한 사람' '없는 사람과 있는 놈' '사람 꼴' '목석같은 사람' "사람은 만물의 척도다." "사람이 먼저다." "사람 낳고 법 낳았지, 법 낳고 사람 낳았나?" "사람이면 다 사람이냐? 사람이 사람 같아야 사람이지." "사람이 없어져야 자연이 회복된다."

➡ 54. 살다, 89. 죽음

# 54

# 살다

목숨을 지니고 있다는 뜻이다. 흔히 이 말에 '죽다'가 맞서 짝을 이루지만 반드시 그렇지만은 않다('시골에 산다', '부모 모시고 산다'). 또 목숨을 지닌 생명체뿐만 아니라 불이나 글(씨), 성질이나 기운, 장기 말이나 바둑의 돌, 시계 같은 물건에도 쓰인다.

"사람 사는 게 그렇지 뭐." "살다 살다 보니까 이런 개 같은 꼴도 보네." "개똥밭에 굴러도 사는 게 좋다." "죽지 못해 살고 있구먼." "산 입에 거미줄 안 쳐." "그 영감 살아생전에 좋은 꼴 한 번 못 보고 갔어." "사는 건 늘 팍팍한 거야." "아이들이 놀아야 나라가 산다." "살릴 놈 죽이고, 죽일 놈 살리고." "숨은 쉬지만 산목숨 아니야." "사는 것과 살리는 것은 하나야. 그래서 살림을 잘해야 하는 거야." "꼴에 기는 살아서." "사는 게 지옥 같다." "살다 보면 볕 들 날도 있겠지." "정신은 살아 있지만, 몸은 죽어가고 있어." "몸만 살면 뭐해? 얼이 살아야지." "더 살아 뭐해, 앞이 깜깜한데." "몸은 삶의 무덤이다(soma sema)."

➡ 53. 사람, 89. 죽음

# 새

텃새, 철새, 나그네새, 저승 새……. "새는 날아가는 곳도 모르면서 자꾸만 날아간다."(모르긴 왜 몰라? 너나 모르지.) 나는 새소리에 묻혀 산다. 아침부터 저녁까지. 어떤 때는 밤새. 내가 사는 곳은 아주 깊은 산은 아니라도 차 소리가 들리지 않는 호젓한 산속이다. 봄 한철 고사리 캐러 오는 아랫동네 아주머니들, 가끔 지나치는 등산객들을 빼면 하루 종일 고즈넉하다. 대충 건성이어서 내 눈길은 아무 데도 오래 머물지 않는다. 집 앞에 감나무가 여러 그루 있어서 이 새, 저 새들이 포르르포르르 날아와 잠깐 쉬다 다시 숲속으로 꼬리를 감추는 모습을 날마다 본다. 그래도 그뿐, 그 새 이름이 무언지 알아볼 생각은 들지 않는다.

문득 이오덕 선생님이 돌아가시기 조금 앞서 새를 두고 쓴 시가 생각났다. 사람 넋을 저승길로 안내한다는 새. 그래서일까? 혼자 가기 싫어졌을까? 이우만이 쓰고 그린 《뒷산의 새 이야기》를 다시 펴 들었다. 그림이 좋아 여러 차례 눈으로 훑었지만 꼼꼼히 읽어본 적은 없는 이 책을 한밤에 불 켜 놓고 처음부터 끝까지 꼼꼼히 읽어 내려갔다. 소쩍새 소리 들으면서. 언제 보아도 이우만의 그림은 나를 놀라게 한다. 그림 속이긴 하지만 새들이 살아 있다. 눈빛을 보면 안다. 곤줄박이는 내가 사는 오두막 마당에도 자주 들르는 새여서 한눈에 알아보았다. 봄에 만난 새, 여름에 만난 새, 가을에 만난 새, 겨울에 만난 새, 그리고 그 새들이 가을과 겨울에 즐겨 먹는 나무 열매들. 층층나무, 쥐똥나무, 오리나무, 누리장나무, 팥배나무…… 모두 내 곁에 있는 나무고 흔히 보는 열매들이다. 조그만 쇠박새가 청미래덩굴 열매를 작은 부리로 쪼아먹는데 열매가 커서 그런지 다 먹을 때까지 한참 걸린다는 것도 이 책을 보고 처음 알았고, 멋쟁이가 앙증맞은 부리로 진달래 열매를 맛있게 먹는다는 것도 금시초문이다. 새들은 잎은 다 지고 빨간 열매만 주렁주렁 매달린 팥배나무에 오래오래 머문다. 이건 한 편의 아름다운 시다. 달리 할 말을 찾을 수 없다.

이우만은 그림으로 시를 쓴다. 그림 속에 되살아난 새들의 눈빛도 하나하나 모두 시정을 담고 있다. 한두 번 만났을까? 이우만이 그리워진다. "기러기 한 떼 줄지어 난다. 처량히 울며 줄지어 난다……." 웬 기러기? 멀리 떠난 지 한참 지났는데…… 그래도 마음에서 안 떠나보내면 내 안에 살아 있는 거다.

# 56

# 생각하다

생각은 하는 것이기도 하고 되는 것이기도 하고 나는 것이기도 하다. 생각한다는 말에는 많은 뜻이 담겨 있으나 중세 우리말에서는 지난날(어제, 과거) 겪고 느꼈던 것들을 떠올리면서 이제(현재) 맞닥뜨린 일을 어떻게 풀어갈까 궁리하는 것을 '생각'이라 이르고, 한 번도 겪어보지 못한 일을 어떻게 해야 잘 헤쳐나갈까 하는 머리 굴림은 '사랑'이라 일컬었다. 그러니까 '생각'은 기억을 끌어모으는 일이고, '사랑'은 아직 닥치지 않은 앞날에 무엇을 어떻게 할까 이리저리 마음을 가다듬는 머리 씀이었다(이 말이 《선종영가집언해》에 적혀 있었던가).

지난날 겪은 것으로 머릿속이 가득 차지 않을 때, 그러니까 머리가 말랑말랑하고 아직 빈구석이 많을 때, 아이들은 끊임없이 '왜'라고 묻는다. 모르는 것에 대한 사랑은 이렇게 움튼다. 삶은 모르는 것으로 가득 찬 미지의 영역인데 '아롬사랑'으로 가득한 아이들에게는 모든 게 궁금하다. 생각의 갈피를 추스르는 일은 먼 뒷날 일이다. 꿈꾸고 사랑한다.

생각한다는 것은 생각이 생각의 꼬리를 문다는 말이다. 우리는 이승에서 지난날 겪었던 기억 속에서만 생각을 길어 올리는 것은 아니다. 멀고 먼 천문학적 기억, 지질학적인 기억, 고생물학적 기억까지 세포를 이루는 단백질, 그 단백질이 나사를 꼬고 뒤틀리는 마디마디에 스며 있다가 생각으로 탈바꿈한다. 이 생각의 실마리는 온 우주에 가득 찬 톨마다, 흔들리는 결마다 숨어 있다. '모든 것은 마음이 빚어낸다'는 말도 이런 뜻에서는 맞는 말이다.

"나는 생각한다. 그러므로 나는 있다." "사람은 생각하는 짐승이다." "생각 좀 해봐." "생각만 하면 뭘 해, 몸을 움직여야지." "그 일을 생각하면 이가 갈린다." "좋은 생각만 해. 나쁜 생각은 말고." "깊게 생각하지 말아요. 코앞에 닥친 일만 생각해요." "이럴 때일수록 깊이 생각해야지." "때가 때인데 이것저것 생각할 새가 어디 있어." "생각이 많으면 자꾸 망설이게 돼." "생각할 때가 아니야." "생각하면 골치 아픈 일투성이야." "쉽게 생각해. 어렵게 생각하지 말고." "생각이 안 풀려." "생각만 하다 보면 마음에 병이 나요." "밤새 생각하다 보니 머리에서 쥐가 날 지경이야." "알량한 생각 그만두고 술이나 마시자." "당신 생각 있어, 없어?" "생각 없이 저지른 일이야." "집 생각도 하고, 자식 생각도 해야지." "생각만 해도 무서워." "두려운 생각에서 벗어나면 못할 게 없어." "나도 생각이 있는 사람이야." "생각만 있지. 나는 생각만 하는 사람 안 믿어." "앞날을 생각하면 캄캄해." "생각에 생각을 거듭해도 뾰족한 수가 안 보여." "생각은 망통의 어머니야." "답답한 생각 말고 어디 시원한 생각 없어?" "요즘은 생각이 트인 사람 보기 힘들어." "그건 니 생각일 뿐이야." "생각이 막히는데 어쩌지?" "그럴 때는 생각을 접어." "생각이 번쩍일 때가 좋았는데." "생각이 깜깜해질 때도 있어." "크게 생각하자고." "생각은 적게 할수록 좋다." "좀팽이 같은 생각 그만해." "내 생각이 좀스럽다고?" "헛된 생각 그만두라고." "그래서 너는 그렇게 늘 푼수 있는 생각만 하냐?" "이제 우리 괴로운 생각 그만두고 즐거운 생각 좀 하자. 난 요즘 내가 사귀는 사람 생각만 해도 가슴 뿌듯하고 즐거워." "쓸데없는 생각 그만두고." "쓸모 있는 생각만 생각이냐?" "입씨름 그만해. 떠올랐던 생각까지 다 달아났잖아?" "니 생각을 파고들면……." "내 생각이 어떻다는 거야?" "그게 좀 별난 생각이라는 거지." "엉뚱한 생각 하지 마." "뜬금없는 생각보다는 낫지." "뜬구름 잡는 생각들 그만해." "거참 심오한 생각이네." "오랜만에 생각 잘했어." "내 말은 크게 그릇된 생각이라는 뜻이야." "너 죽은 목숨이라는 생각 안 들어?" "그 참 잘됐다.

목숨 줄 놓으면 생각에서 벗어날 수 있으니까." "생각이 다를 수도 있어. 꼭 같은 생각만 좋다고는 볼 수 없어." "우리 골치 아픈 생각 묻어두고 이제부터 놀 생각 좀 하자." "그래 억지로 생각을 쥐어짤 수는 없으니까."

→ 35. 마음, 79. 왜

# 57

# 설다

"산 설고 물 선 땅에서 식은 밥 한 덩이 얻어먹지 못하고 주린 배 움켜쥐는 설운 나그네." "늘거도 셜웨라커든 지믈조차 지실가(늙은 것도 서러운데 짐까지 지실까)." '설다'는 '익다'와 짝을 이루는 말이다. '밥이 설었다, 낯이 설다, 눈에(귀에) 설다, 설익은 감(땡감)' '설었다'는 제대로 익지 않았다는 뜻이다. 무엇이 어떻게 설건, 선 것(설은 것)은 익은 것만 못하다. '서럽다'라는 말은 '설은 것 같다'는 말에서 나왔을 것이다. '서러(설어)+ㅂ다' '슬프다'는 말과 뜻이 비슷한 듯 보여도 말뿌리가 다르다. '슬프다'의 옛말 '슬타(슬+ㅎ+다)'는 '슬프다'와 '싫다'는 뜻을 함께 지니고 있었다.

그러나 '섫은' 것은 '슳은' 것과는 달리 '익지 않음'을 드러내는 말이다. 낯선 사람을 반갑게 맞을 사람은 없다(대체로 그렇다는 말이다). 눈에 설면 익히려고 애쓰기도 하지만 고개를 돌리기 쉽다. 누군지, 무엇인지 몰라 마음을 놓을 수 없기 때문이다. 누구나 마찬가지다. 낯설어하고 쭈뼛쭈뼛하면 나를 반기지 않는구나 하는 느낌에 저도 모르는 사이에 마음 한구석에서 서름(설움)

이 차오른다. 서름에 복받치기도 한다. 괜히 왔다 싶다. 몸에 익고 손발에 익은 일 버리고 낯익은 얼굴, 눈과 귀에 익은 산과 들을 떠나 타향살이하는 사람은 그 나름의 곡절이 있고, 박탈감이 있다. 그것을 몰라주고 낯선 눈빛으로 데면데면하게 쳐다보면 저도 모르게 왈칵 서름이 치민다. 인지상정이다(가끔 이렇게 유식한 넉자배기 중국말이 떠오른다. 잘못 익힌 버릇이다). 그래서 낯가리는 사람들한테서 주춤주춤 물러나 산모퉁이를 돌면서 설게설게(서럽고 서럽게) 눈물을 흘린다. 익은 낯, 설은(선) 낯을 가리고 낯선 사람을 매몰차게 내치는 데가 어디 한두 군데뿐이랴. 이리하야 한평생을 낯선 땅 떠돌면서 뜨내기로 살다 전라도 동복에서 눈을 감은 "술 한 잔에 시 한 수로 떠나가는 김삿갓".

→ 84. 익다

# 58

# 소리

귀에 들리는 것. 무엇이 부딪치거나 떨릴 때 생긴 결이 귓속의 고막을 울려서 뇌로 전해지는 것. 목소리, 새소리, 천둥소리, 노랫소리, 기침 소리.

맨 먼저 '개소리'가 떠오른다. '소리 지른다'도 떠오른다. '소리 소문 없이' 중앙정보부에 끌려가 초주검이 되어 나왔다가 일찍 간 시인 박정만도 떠오른다. '떠도는 소리', 남영동 치안본부에 끌려가 책상을 '탁' 치니까 '억' 소리를 내며 죽었다는 박종철도. '헛소리'로 가득한 신문과 방송. '바른 소리'가 '입바른 소리'로 미움을 받아 많은 사람이 갇히거나 골로 갔다. 내 또래 사람들은 그런 '소리'에 귀를 막으면서 살아남았다. '남부끄러운 소리'다.

귀를 열면 소리는 어디에나 있다. '쌍소리'도 있고, '좋은 소리, 싫은 소리, 듣고 싶지 않은 소리, 그럴듯한 소리'도 있다. 우리는 '소리의 벽'에 갇혀 있다. 벗어날 길이 없다. 소리는 귀만 파고드는 게 아니다. 머릿속에 스며들어 얼을 '석혀(삭혀, 썩혀)' '얼이 석은(어리석은)' 사람을 만들기도 하고, 얼간이로, 얼에 맛이 간 사람으로 바꾸기도 했다. 넋을 잃게 하거나 넋 빠지게도 한다. 미술관에는 아무리 잘 그린 그림, 좋은 그림을 걸어도 수천수만 명이 떼 지어 몰려들어 웅성거리거나 까무러치지 않는다. 그러나 이른바 아이돌들이 무대에 서서, 가사는 알아듣든 못 알아듣든 아랑곳없이 소리를 지르는 공연장에는 수많은 인파가 몰려든다. 말 그대로 사람 물결이다.

왜 그런가? 왜 어떤 소리는 사람들이 넋을 놓게 만드는가? (히틀러의 목소리는 800만 유대인을 죽음으로 몰아넣기도 했다.) '달콤한 소리, 쓴소리, 애간장을 녹이는 소리, 침묵의 소리도 있다. 목구멍을 타고 나오는 소리를 길고 짧게, 높고 낮게 잇고 끊어, 혀 안에, 이 사이에, 입천장과 콧속에 굴리고 꼬면, 그리고 입술을 이리저리 달싹이며, 그리고 이 소리에 이 뜻, 저 소리에 저 뜻을 담으면 말소리가 된다. 이 말소리를 가다듬으면 노랫소리가 된다. 뜻만 담아서는 노랫소리가 안 된다. 느낌이 담겨야 한다. 들뜬 소리, 흐느끼는 소리, 떨리는 소리, 감는 소리, 푸는 소리, 휘는 소리, 여닫는 소리…… 이 소리들이 잘 어우러지면 듣는 사람을 사로잡는다(산 채로 잡는다). 뿅 가게 한다. 아무나 할 수 있는 일이 아니다. 방탄소년단이나 송가인처럼 타고나야 한다.

갈고 닦는 것은 그다음 일이다. 소리에도 빛깔이 있다(음색).

소리가 빛을 내뿜어 무대를 밝힌다. (소리가 그리는 그림을 본 적 있는가? 나는 있다.) 소리가 흐르는 내 핏속에, 얼과 넋에 그림을 그린다. 그래서 '소리에 미친다'. 얼이 빠지고 넋이 나간다. (어떤 소리에는 구역질이 나기도 한다.) "소리 없이 흘러내리는 눈물 같은 이슬비"(배호의 노래였던가) 울음소리, 웃음소리. 왜 어떤 나라에서는 새가 노래하는데 우리나라에서는 울기만 하는가. 설움이 많은 나라여서 그런가.

→ 28. 듣다

# 속

거죽이나 껍질로 둘러싸인 물체나 공간에서 가운데를 향하는 쪽. '안'과 '밖'과 같이 '속'은 '겉'과 짝을 이루면서 맞선다. "천 길 물속은 알아도 한 길도 안 되는 사람 속은 모른다." "사람 속은 들여다보면 볼수록 깜깜하다." "속이 터진다." 속으로 '무슨 이런 인간이 있어' 하고 중얼거리는 일이 많다. 너나 나나 마찬가지다. 그래서 "속이 썩는다" "속상하다" "속이 속이 아니다". 그러나 겉으로 드러낼 수는 없다. '속속들이 안다'는 말은 틀린 말이다. '속'은 늘 숨어 있어서 자르고 또 자르고 쪼개고 또 쪼개서 겉으로 드러내려고, 겉으로 만들려고 아무리 애써도 입체를 평면으로 바꿀 수 없다. (플라톤 이래로 현대 첨단 물리학자들이 이 짓을 하고 있으나 '겉 다르고 속 다르다'는 우리 속담은 여전히 유효하다.) 속옷을 보려면 겉옷을 벗겨야 한다(딱 걸리기 좋은 말이다). 그러나 벗기는 순간 속옷은 겉옷으로 둔갑한다. 더 벗겨도 마찬가지.

"겉으로 속이면 속으로 속는다." "속을 드러내지 않으려면 거리를 두어야 한다." (껍데기 두께가 그만큼 되어야) "속이 드러나지 않는다." 안 그러면 속 보인다. 속 보이는 말, 속 보이는 짓은 삼가야 한다. 속은 알 수 없는 것이다. 감추어져 있기 때문이다. 속에는 들키면 안 되는 비밀이 얼마나 많은가. 속없는 사람 말이 속든 사람 말보다 더 진솔할 때가 있다. 나는 속없는 사람을 한편으로는 깔보면서 한편으로는 좋아한다. 먹잇감이기 때문이다.

'속이 찬 사람'에게는 비집고 들 틈이 없다. 속이 비어야, 속이 없어야 속상할 일이 없다. 그렇다고 신새벽에 박노해의 시처럼 빈속에 소주를 부어서는 안 된다. 그러면 진짜 뱃속이 엉망이 된다. '양파 속'이라는 말을 듣는 사람이 있다. 까도 까도, 벗겨도 또 벗겨도 속이 드러나지 않는 사람이라는 뜻이겠지. 그러나 속이 겉에 드러나면 그게 겉이지 속인가? 속이 속이려면 겉으로 드러나지 않으면 된다. 그러면 끝까지 속일 수 있다. 말로 속이는 것보다 말없이 속이는 게 더 윗길이다. "내가 네가 속이지 말라 일렀거늘 늘 겉치레만 꾸미고 있으면 속 들여다보일 일이 거의 없다고 말했거늘……." 속에는 알도 없고 머리도 없다. 그래서 속알머리(소갈머리) 없다고 한다.(진짜?) 속 좋은 나를 속이다니……. '속은 속대로 썩고'('겉은 겉대로 너덜너덜하고' 쿵짝이 맞나?)

'안'은 '속'과 같은 뜻으로 쓰이는 경우도 있지만 다른 점이 있다. '안'은 '밖'에서 들여다볼 수 있는 반면, '속'은 들여다볼 수 없다. '겉'으로 드러나면 이미 '속'이 아니다. '겉'으로 드러나지 않아야 '속'이다. '땅속 깊이' '우렁이 속같이' 보이지 않게 숨어 있는 '속', 파고들면 파고들수록 더 깊이 숨는 '속.' "니 속셈이 뭐야?"

→ 70. 안

# 수

힘(능력)이나 길(방법)을 이르는 말이다. '할 수 있다'는 할 힘이 있다는 말이고, '될 수 있다'는 될 가능성이 있다는 말이다. '있을 수 없는 일'은 가능성이 전혀 없는 일 또는 있어서는 안 되는 일 이라는 뜻이고 '하는 수 없이'는 어쩔 도리가 없다는 말이다. '수 를 쓴다'는 방법을 찾아내려고 머리를 굴린다는 말이고 '꼼수'는 '잔꾀'를 이르는 말이다. '따를 수 없는 말'은 남의 말을 받아들이 지 않고 물리칠 때 하는 말이고 '그저 웃을 수밖에'는 어처구니 없는 일을 당했을 때 느끼는 심정을 드러낸 말이다. 무슨 일을 도모하다가 낭패를 봤을 때 "이럴 수가, 이럴 수가……" 하고 속 수무책으로 근심하며 지내기보다 '무슨 수가 나겠지' 하고 마음 편히 지내는 게 낫다. 별수 없이 손 털고 나올 때 나오더라도.

# 수

딱 하나 예외를 두어 순우리말이 아닌 수(數)를 이 사전에 넣었다. 이제 '0, 1, 2, 3, 4, 5, 6, 7, 8, 9'라는 숫자는 쓰지 않고는 살길이 없기 때문이다. 나는 있는 것을 나타내는 하나(1)와 없는 것을 나타내는 빔(0)과 있는 것도 없는 것도 아닌 것을 나타내는 '∞', 이 셋만으로도 우주 삼라만상(이 한뉘의 모든 것)을 다 아우를 수 있다고 여기는 사람이다. (이것은 나만 가진 생각은 아니다. 원시인이라고 불리는, 그러나 아직 어디에선가 살고 있을 사람들 가운데 이런 생각으로 '하나, 둘, 많다'만 세는 사람도 있고, 놀랍게도 컴퓨터의 2진법도 이런 원리에 바탕을 두고 있다.)

그러나 우리는 발가락이 여섯 개나 여덟 개만 있는 새나, 그보다 더 많은 손발가락을 지닌 벌레로 생겨나지 않고 손가락이 열 개 달린 사람으로 태어났으므로, 그리고 머리통을 굴려 이것저것 헤아리지 않으면 살아남을 수 없는 덜 떨어진 움직산이(동물)이므로 10진법까지는 받아들일 수 있다고 본다.

게다가 (이런 말 입에 담기 거시기 하지만) 우리는 피타고라스의 곁

가지 후손이기도 하다. 그런데 이 피타고라스는 "이 우주는 수로 이루어져 있고 1은 끝이 하나인 점을, 2는 끝이 둘인 선(줄)을, 3은 끝이 셋인 면(넓이, 세모꼴이 바탕이다)을, 그리고 4는 입체(안과 밖이 따로 있는 몸)를 나타내는데, 1+2+3+4=10이고 이 10이야말로 완전수다"라고 주장했다고 한다. 그럴듯하지 않은가? (이 멍청한 숫자놀음이 우리 머리를 얼마나 어지럽히는지를 제대로 알고 골머리를 앓고 싶은 사람이 있다면 '윤 모'가 최근에 쓴 《꿈꾸는 형이상학》을 '강추'한다.)

들으나 마나 한 이야기겠지만 수는 우리에게 더 말할 수 없는 믿음을 준다. 자본주의 사회에서 돈은 수가 많을수록 좋고, 그래서 수많은 돈을 가진 사람이 헤아릴 수 없이 우러러보인다. 나는 맘몬(돈의 신)을 섬기는 사람들에게는 가운뎃손가락을 세워 보이는 사람 가운데 하나지만, 어쩌겠는가? 부처도 예수도 죽고 없는 세상에, 더구나 너도나도 돈에 넋 나가고 얼빠진 이 빌어먹을 현대에 로또 벼락이라도 맞기를 바라는 사람이 어디 한둘이겠는가.

# 62

# 슬프다

싫어도 끌어안아야 할 때, 기쁠까? 아니! 슬프다. '슬프다'와 '싫다'는 한배에서 태어난 말이다.

슬타 1. 슬프다. "글런 무슴 슬턴 싸흘 스랑ᄒ노니(글은 마음 슬 퍼하는 땅을 생각하노니)"《두시언해》초간본. 슬흘 비(悲). 2. 싫다. "깃거 슬호미 업서(기뻐해 싫음이 없어)"《법화경언해》"즐기거든 즐기고 슬커 든 마로ᄃᆡ여(좋으면 받아들이고 싫으면 말고)"《번역노걸대 하》슬흘 염(厭). 《언해천자문》

마음으로는 아니라고 도리질 치면서도 ("아니야, 아니야, 싫어, 싫 단 말이야.") 그래도 마음으로 끌어안아야 할 때 슬프다. 이렇게 슬 픔은 싫음에 닿아 있다. "싫고 좋고가 어디 있어? 하라면 해." 이 런 말이 싫다. 슬프다. 싫은데도 대들 수 없어서 더 슬프다. 속으 로만 삭힌다(그래, 너는 갑이고 나는 을이다). 속이 썩는다.

"속상할 일이 어디 그것뿐이야?" 덧붙여 이런 말까지 들어야 할 때. "나는 니가 슬픈 게 싫어." "나는 니가 싫은 게 슬퍼." 말장 난 같지만, 서로 다른 말이다. 앞말은 "나 너 좋아해. 그러니 슬

퍼하지 마"라는 말이고, 뒷말은 "내 마음 너한테서 떠났어. 슬프지만 어쩔 수 없어"라는 말이다. 안 그런가? 얼마나 많은 사람들이 슬픔을 노래했던가. "사랑의 기쁨은 어느덧 사라지고 사랑의 슬픔만 언제나 가슴에 남네." 프랑스말로도 흥얼거릴 수 있는, 우리 젊을 때 온 세상을 누비던 샹송의 첫 구절이다. 슬프게도 그 시절은 갔다. 그래도 슬픔은 남아 있다.

➡ 81. 울다

# 63

# 시골

시골뜨기라는 말이 있다. 도시내기들이 촌사람들을 얕잡아 보는 말이다. 나는 어려서 막내둥이로 태어나 어리광을 부려 병약한 엄마를 너무 괴롭힌다는 죄로 다섯 살 나이에 큰 형이 사는 서울로 한 해 남짓 유배를 당한 적이 있다. 그때 내 또래의 도시 어린것들이 나를 놀려 대는 말이 '시골뜨기 꼴뚜기'였다. 그럴 만도 했다. 나는 서울 사투리를 익히지 못해서 우리 시골 마을 표준어를 썼으니까. 나는 놀려 대고 달아나는 그 녀석들을 쫓아가 '뚜까패기'를 일삼았다. 그러고 나면 큰형수가 뒷감당을 해야 했다. 엄마들이 줄지어 찾아와서 항의했기 때문이었다. (고 얄미운 녀석들. 지금도 그때를 떠올리면 깨고소하다.)

시골은 도시와 다르다. 한마을에 사는 사람들은 모두 한집안이나 마찬가지다. 일해도 함께 일하고, 놀아도 함께 논다. 네 것 내 것이 따로 없다. 모두 나눈다. (어느 집 부엌에 숟가락이 몇 개인지도 훤히 안다.)

그 꼴뚜기가 나이 들어 도시살이를 하다 보니, 부딪히는 게 한둘이 아니었다. 먼저 기댈 곳이 없었다. (도시에 사는 사람은 수중에 돈이 없으면 죽은 목숨이나 다름없다.) 다음으로 동무가 없었다. 어려움에 맞닥뜨려도 의논할 곳도, 하소연할 데도 없었다. 너는 너고 나는 나고, '우리'라는 게 없었다. (내가 대학 선생을 그만두고 시골로 '탈주'한 것도 어쩌면 나이 쉰이 넘었는데도 시골뜨기 때가 아직 덜 빠졌기 때문인지도 모르겠다. 나는 비록 낯선 곳이지만 이 시골로 내려온 뒤로 한 번도 꼴뚜기가 된 것을 후회해 본 적이 없다.)

시골에서는 머리만 굴려서는 살길이 없다. 손발 놀리고 몸 놀려서 씨 뿌리고 김매고 거두어야 한다. 도시에서는 일차적 관계가 사람 관계다. 연줄만 잘 타면 살길이 열린다. 그러나 시골에서는 자연과 관계 맺는 게 먼저다. 자연을 따르지 않고는 살아날 길이 없다. 도시 깍쟁이로 살기보다는 그래서 낡은이로 버림받기보다는 시골뜨기, 꼴뚜기로 사는 게, 그리고 '호박도 늙을수록 달다'는 긍지를 안고 시골에서 늙은이로 대접받고 사는 게 열 배 백 배 더 낫다.

# 64

# 시늉

본뜨는 척하는 것을 시늉이라고 한다. "죽으라면 죽는 척이라도 해야지." "그러게 말이에요. 벌러덩 나자빠질까요. 혀를 빼물까요?" 아장아장, 어기적어기적, 비틀비틀, 휘청휘청, 사뿐사뿐, 성큼성큼, 빨랑빨랑, 느릿느릿⋯⋯. 이것은 걷는 품새. 하늘하늘, 흐물흐물, 히죽히죽, 번쩍번쩍, 반짝반짝, 부쩍부쩍, 솔솔, 술술, 살살, 설설, 고만고만, 그만그만, 가만가만⋯⋯. 대체로 밝은 소리는 밝은 소리끼리, 어두운 소리는 어두운 소리끼리 모여서 가락을 이룬다(이 현상을 모음조화라 이르는데, 홀소리만 그런 게 아니다).

우리는 이것을 짓시늉말(의태어)이라 부른다. 우리말은 짓시늉말로 가득 차 있다. 이 세상 어느 나라 말보다도 우리말에는 짓시늉말이 많다. ㄱ에서 ㅎ까지 늘어놓자면 두꺼운 책 하나 가득이다.

세계 역사를 살펴보면 제 나라 글을 미처 갖기 전에(또는 가졌다 해도) 글자를 가진 나라의 침략을 받아 말도 글도 잃어버린 데가 한두 군데가 아니다. 아테네가 맹주가 된 델로스 동맹, 그 지배자의 언어였던 그리스어에서부터 지중해와 유럽을 정복했던 로마제국의 라틴어, 동아시아 '천하'를 지배했던 중국의 한자어에 이르기까지, 힘센 나라가 힘없는 나라에 짓쳐 들어가 노략질만 일삼은 게 아니라 그 나라 말까지 없애버린 게 전쟁사의 솔기를 촘촘히 누비고 있다.

천만다행하게도 우리나라는 한때 중국이나 일본의 침략을 받은 적은 있어도, 그 기간이 길지 않았고, 지배계급이 한자어를 써서 문자 생활을 하고 있을 때도 까막눈인 백성들은 이 골짝 저 골짝, 이 들녘 저 들녘, 이 섬 저 섬에 숨어 살면서 우리말을 지켜왔으며, 세종 임금이 《훈민정음》을 창제한 뒤로는 이 짓 저 짓, 이 소리 저 소리를 한글로 옮겨 적을 수 있게 되었다.

제 나라에서 만든 제 글자를 갖는다는 게 느낌과 생각을 드러내는 데 얼마나 큰 몫을 하는지 알면서도 우리는 서구에서 들여온 개념어, 관념어에만, 그것도 거의 모두 일본이 짜깁기한 일본식 한자어에만 기대는 양아치 짓을 '교양, 유식, 고상' 따위로 분칠하는 이른바 학자들을 '지식인, 교양인, 전문가'로 떠받들고 있다.

→ 99. 흉내

# 65

# 싱글벙글

갸글갸글, 노글노글, 누글누글, 다글다글, 디글디글, 동글동
글, 둥글둥글, 방글방글, 벙글벙글, 몽글몽글, 뭉클뭉클, 서글서
글, 오글오글, 우글우글, 쪼글쪼글, 쭈글쭈글, 아글타글, 싱글싱
글, 상글상글, 송글송글, 숭글숭글.

'글'이 붙어 때로는 소리흉내말로, 때로는 짓시늉말로, 때로
는 느낌이나 됨새를 나타내는 말로 쓰이는 이 넉자배기 말들(사
자성어?). 우리 할매 할배들의 말 짓는 솜씨가 얼마나 뛰어났는지
를 살피는 데 이만큼 좋은 보기도 따로 없다. 밥 짓고 옷 짓고 집
짓는 솜씨 저리 가라. 다 그랬던 건 아니지만 나는 이 《멋대로
사전》을 엮으면서 줄곧 싱글벙글했다. 척하고 품새 잡는 것들에
게 엿 먹이기. 아닌 척, 안 그러는 척하면서 뒷구멍으로 온갖 소
리, 온갖 짓을 다 저지르는 교양인, 지식인, 학자, 전문가 들 똥구
멍에 두 검지손가락을 모아 해방침 주기. 엄지 척이 아니라 가운
뎃손가락 세우기……. 뒤끝이야 어찌 됐건 속이 다 시원했다. 그
러니 싱글벙글할밖에. 주책이라고 해도 좋다.(어느새 내 나이 여든인

데) 나잇값 못한다고 혀 차도 좋다.

절집에 가면 '해우소'라는 팻말이 붙은 곳이 있다(요즘에는 거의 사라졌지만). 똥오줌 누는 곳인데 우리말로 풀이하면 '걱정(근심) 푸는 곳'이다. 여기서 우스갯소리 하나. 함경도에서 내려오는 중과 경상도에서 올라가는 중이 강릉 어름에서 만나 주고받았다는 말. "어디 가?" "통도사." "왜?" "그 절 솥단지 넓다 해서." "힘들게 거기까지 안 가도 돼. 나 그 절에 살거든." "거기는 어디 가?" "함흥차사."(설마?) "왜?" "그 절 똥간 높다 해서." "힘 아껴. 나 그 절에서 오거든." 이렇게 해서 서로 구라를 풀기 시작하는데, 통도사 중이 가로되 "우리 절 솥단지로 말할작시면, 한날은 사미중 하나가 국 뜨다가 빠졌어. 그놈을 찾느라 큰 배 띄우고 한 달을 찾았는데 아직도 못 찾았어." 대거리로 함흥거시기사에서 온 중이 하는 말. "우리 절 해우소가 높긴 높아. 지난겨울에 우리 노스님이 똥을 누었는데 두 철이 다 갔는데도 아직 바닥에 안 떨어졌거든." 그렇게 해서 그 자리에서 서로 고개 끄덕이며 헤어져 돌아갔다는 이야기. 더 볼 것 없지 뭐.

# 66

# 쓰레기

쓰레기라는 말은 '쌀아기'에서 나왔다(고 나는 믿는다). 쌀(쌀)은 다만 벼에서 껍질을 벗겨낸 입쌀(하얀 쌀)만 가리키지 않고, 보리쌀, 좁쌀도 쌀이다. 그리고 '쌀'은 된소리로 바뀌기 '전'에는 '살'로 발음되었다. 부스러진 '쌀의 아기(쌀아기)'가 '부슬애기→부스레기'(이 말은 아직도 '부스러기'로 바뀌어 쓰인다)를 거쳐 '쓰레기'가 되었다. '싸라기(쌀의 아기)'라도 너무 잘게 부스러지면 그걸 모아 밥을 지을 수도 죽을 끓일 수도 없다. 더구나 그것이 잡티와 섞이면 버릴 수밖에 없다. 그래서 '쓰레기'라는 말은 버릴 것이 없어서 쓰레기가 생기기에 앞서 생겨났다. 말이 앞선 경우다.

온 땅별이 쓰레기 몸살을 앓고 있다. 공중에도 쓰레기, 땅 위에도 땅속에도 쓰레기, 강에도 바다에도 떠 있거나 가라앉은 쓰레기, 심지어 우리 몸속에도 발암성 쓰레기가 차곡차곡 쌓인다. 거름이 될 똥오줌도 물과 함께 쓰레기로 버려지고, 먹을 것, 입을 것, 잠자리가 하루아침에 쓰레기로 바뀐다. 게다가 온갖 가짜 뉴스가 쓰레기를 더하는 판이다. 오죽하면 '기레기(기자+쓰레기)'

라는 말이 나왔겠는가. 이러다가는 우리의 삶 전체가 쓰레기로 둘러싸이고 우리 몸과 마음도 쓰레기 저장고가 될 날이 머지않았다.

# 아니다

본디 두 마디 말 '안'과 '이다'가 모여서 한마디로 된 말. (옛 그리스말 mē einai, 라틴어 nec esse 또는 nonesse, 영어 not be, 프랑스어 ne être(pas), 독일어 nicht sein. 이렇게 늘어놓는 것은 유식함을 뽐내려는 뜻에서가 아니라 이 말이 우리의 생활에, 특히 서구식 사유 방식에 돌쩌귀가 되는 말이기 때문이다.) '이다'와 '아니다'는 '있다'와 '없다'(서구 언어로는 '안 있다'로서 '아니다'와 갈라지지 않고 문맥 속에서만 가려볼 수 있으나 그마저 가려보기 힘들 때도 있다) 와 함께 아리스토텔레스 식의 논리 체계, 곧 동일률, 모순율, 배중률로 불리는 원칙을 낳았다.

'이다'는 이것과 저것을 이어줌으로써 같거나 닮은 것으로 빚어내는 반면, '아니다'는 이것과 저것 사이에 금을 긋고 그 속에 숨어 있는 다름을 드러냄으로써 이어진 것을 끊어내는 구실을 한다. '아닌 게 아니라'는 정말 그렇다는 뜻이고 '아니나 다를까'는 짐작한 바와 같다는 뜻이다. '아닌 밤중에'는 뜻하지 않을 때에 뜻밖의 일을 당했을 경우에 쓰는 말이다.

→ 86. 있다, 77. 없다

# 아버지

아버지와 아들 사이는 성글다. 아버지는 나를 젖 먹여 기르지도 않고, 기저귀를 갈아주지도 않고, 똥오줌 가리지 못하고 밤새 울어댈 때 다독거려 주지도 않았다. 아버지는 늘 밖으로만 나돌아서 엄마만큼 가깝게 여겨지지도 않았다. 아버지를 다시 보게 된 것은 철들고 나서부터였다. 철없을 때도 엄마는 마냥 좋았지만, 아버지는 마음에 들 때보다 무서울 때가 더 많았다.

내가 아버지에게 물려받은 가장 큰 유산은 가난이다. 열다섯에 조랑말 타고 장가간 우리 아버지는 조선 왕조가 무너져가던 구한말에 윤씨 가문의 맏아들로 태어났다. '동학란' 언저리였다. 신학문에 뜻을 두었으나, 농사꾼이자 완고한 유생이었다. 아버지의 할아버지는 손자가 검은 옷을 입고 왜놈 학교에 들어갔다는 말을 듣고 대로하며 모두가 보는 앞에서 그 검정색 교복을 불태우고, 손자에게 한학만 익히게 했다고 한다. 아버지는 그 당시의 풍속에 따라 일찍 장가들었으나, 우리 '큰어머니(첫째 부인)'는 딸 하나 낳고 아기집에 탈이 나서 다시는 아이를 갖지 못하게 되었다. 열다섯 해를 그냥 살겠다고 버티다가 제사 지내줄 아들 하나 낳지 않는 것은 조상에게 죄를 짓는 짓이라는 집안의 등쌀에 못 이겨 술집에서 주워온 우리 어머니를 스물아홉에 만나 나까지 아들만 아홉을 내리 낳았다. 그러니 살림이 필 겨를이 언제 났겠는가. 그래도 아들들이 똑똑하다고 "말을 낳으면 제주로 보내고, 자식을 낳으면 한양으로 보내라"는 옛말에 귀가 솔깃해 서울로 이사했다가 6·25로 자식 여섯을 날려 보내고 나머지 자식 셋을 살리겠다고 전란 속에 다시 고향 근처로 내려왔으나 그때는 이미 빈털터리가 되어 있었다.

내 가난의 유산은 이때 생겼다. 이 유산은 내게 비길 데 없는 큰 자산이다. 유산 상속이 어떻게 이루어지는지 우리 시대에서 가까운 예를 들어 살펴보자. 실명을 들어 미안하지만, 소설 쓰는 김성동과 이문열의 삶을 견주어보자면, 김성동은 남로당에 들어가 열심히 일하다가 붙잡혀 대전형무소에 갇혔다가 6·25 전후로 학살당한 아버지의 유복자로 태어났다. 그 아비에 연루되어 국민학교(초등학교)도 다니는 둥 마는 둥 학력 별무로 출가까지 했던 김성동은 아버지의 삶을 한 번도 부정해본 적이 없었다. 그리고 그가 쓴 소설에 아버지의 행적과 그 떳떳함과 올바름을 그려내려고 한평생 애써왔다. 그러나 이문열은 달랐다. 김성동과

152

거의 비슷한 환경에서 자랐으나, 월북한 아비 탓에 제힘으로 일류 대학에 들어가고 뒤이어 고시를 보아 출세하기를 꿈꾸던 그는 좌절을 맛보았다. (겉으로는 연좌제를 인정하지 않는 이 사회가 고시 합격이나 육사 입학 같은 출세의 지름길에서 부역자의 자제들 발목을 잡는 것은 공공연한 일이었다.) 이문열은 아버지의 어두운 그림자를 살아가는 데 방해만 되는 것으로 여겨 아버지로부터 등을 돌리고, 그 아버지를 인정한 체제도 부정하기에 이르렀다. 누가 옳고 누가 그르다고 따지려고 이 이야기를 하는 게 아니다. 아비의 행적이 이렇게 알게 모르게 아들의 유산이 됨을 밝히려고 하는 이야기다.

우리 아버지가 돌아가실 무렵 팔병이 형은 부산에서 거지 합숙소에 들어가 있었고, 나는 군대에 있었다. 그리고 아버지는 이미 늙은 딸에 기대 마지막 숨을 쉬고 있었다. 내가 인근 사단에 찾아가 화장을 부탁할 만큼 자식들에게 남긴 것이 없었던 아버지의 가난한 넋을 팔병이 형과 나는 가장 큰 유산으로 받아들였다.

그 뒤로 살아가면서 '이 일을 하면 아버지가 뭐라고 하실까?' 하는 생각을 먼저 하게 되었다.

➡ 88. 주다, 75. 어머니

# 69

# 아이

썰렁한 우스갯소리 하나. 누군가 한껏 몸을 배배 꼬면서 '아이' 하더라도 아이들은 그 말의 뜻을 알 수 없다. '아이'가 아이인 것은 뒤늦게 태어났기 때문이다. '어이'는 어버이(부모)고, '이이'는 나와 함께 '이제' 바로 '여기' 있는 내 짝꿍이고, '아이'는 뒤늦게 우리 사이에서 태어난 어린 것이다. 이것이 아이의 본디 뜻이다. 아이가 없으면 앞날(미래)도 없다. 누군가는 아이를 낳아야 할 까닭이 다른 데 있지 않다. '어이'에 이어 '이이'가 사라지더라도 '아이'가 있으면 사람 핏줄이 끊어지지 않고 이어지기 때문이다. "인간은 생태계를 좀 먹는 기생충 같은 존재이므로 절멸되어야 한다"고 우기면 할 말이 없다. 그런 생각을 가진 사람이 맨 먼저 해야 할 일은 제 아이를 안 낳는 것이다. 그렇다고 사람 씨를 죄다 말리자고 설쳐서는 안 된다는 게 나만의 생각일까?

"아이가 놀아야 나라가 산다." 오래전부터 입에 달고 다니는 말이다. 아이의 참 어버이는 낳아준 부모가 아니라 산과 들과 바다(이 가운데 하나만 있어도 된다)가 펼쳐져 있는 대자연이다. 해와 달과 별을 아우르는 자연 속에서 아이는 자연의 아들딸로 자란다 (그래야 한다). 자연은 아이들의 마르지 않는 젖줄이다. 이 안에서 아이는 땅을 밟고 걸음마를 배우고, 둘레에 있는 뭇산이의 소리를 귀담아들으며 가락과 소리빛깔(음색)을 익힌다. 그리고 빛과 그림자를 놀이 동무로 삼는다. 짓시늉과 소리흉내를 내면서 하나하나 동무로 삼는다(또래 아이들, 언니와 오빠들이 동무가 되어 함께 뛰노는 것은 나중 일이다). 햇빛은 반짝반짝 빛나고 달빛은 은은하게, 별빛은 총총 빛난다. 바람은 살랑살랑, 솔솔, 휘웅휘웅 불면서 풀과 나뭇잎, 때로는 가지와 둥치를 흔들어 춤추게 하고, 이슬비는 보슬보슬, 장대비는 주룩주룩 내린다. 이 안에서 함께 사는 곡식과 남새는 무럭무럭 자라고, 강아지는 멍멍, 고양이는 야옹, 송아지는 움머움머, 병아리는 삐악삐악, 오리 새끼는 꽥꽥…… 저마다 목청을 높인다. '나'도 덩달아 엄마엄마, 아빠아빠 부르면서 재롱을 떤다. 아장아장, 휘청휘청, 휘휘…… 발 놀리고, 몸 놀리고, 손 놀리면서 지켜보는 엄마 아빠한테서 까꿍까꿍, 죄암죄암, 도리도리 소리와 손발 짓, 몸짓을 익히며 그게 좋아서 까르르까르르 웃는다. 이렇게 모두가 놀이 동무가 되어 아이를 키운다.

자연이 키운 아이들은 엇나가는 일이 드물다. 알게 모르게 함께 사는 법을 배우기 때문이다. 얼마쯤 자라고 나면 할머니,

할아버지, 아저씨, 아줌마, 언니 오빠들이 (온 동네 사람들이) 모두 아이와 놀아준다. 물고기와 풀벌레와 까막까치, 제비와 기러기까지 놀이 동무가 된다. 나비는 팔랑팔랑, 벌은 붕붕, 꽃잎은 하늘하늘, 벙그러지고 방그라지면서 귀에 간지럼을 태우고, 눈앞에서 춤을 춘다(다 내가 어릴 적에 온몸으로 겪었던 일이다). 이렇게 자라는 아이는 하루하루, 한 달 두 달, 한 철 두 철을 나면서 철이 들고 철이 난다. 철없던 아이에서 차츰차츰 철 있는 젊은이로, 어른으로 제 모습을 바꾸어나간다.

해마다 찾아오는 봄철, 여름철, 가을철, 겨울철을 제대로 나지 않고 어떻게 철을 알며, 철이 들고 철이 날 수 있으랴. 내가 우리말에서 소리흉내말과 짓시늉말이 소중하다고 그렇게나 되풀이해서 (귀에 못이 박이도록, 입에 거품을 물면서) 힘주어 말하는 까닭은 다른 데 있지 않다. 거기에서 생겨나는 소리 어울림(모음조화)과 가락이 몸놀림과 마음가짐의 균형과 평정에 바탕이 되기 때문이다. 평화는 다른 데 있지 않다. 몸과 마음에서 우러난다.

→ 75. 어머니, 92. 철

# 70

# 안

어떤 물건이나 공간의 둘레에서 가운데로 향한 쪽이 '안'이
고 둘레에서 벗어난 쪽이 '밖'이다. '안'이 '속'과 다른 점은 '안'은
들여다볼 수 있되, '속'은 들여다볼 수 없다는 데에 있다(요즈음에
는 '안'과 '속'을 구분하지 않고 쓰면서 헷갈릴 때가 많다). "이 달 안에 다 마
쳐야 해"에서처럼 '안'은 시간에 대해 쓸 수 있지만 '속'은 쓸 수
없다. 반면에 "속이 보인다, 속이 시원해"에서처럼 '속'은 마음이
나 생각의 뜻을 지니지만 '안'은 그렇지 않다.

집이나 방처럼 빈자리가 있을 경우에는 '집 안, 방 안'처럼
'안'을 어울려 쓰고 땅이나 바다처럼 빈자리가 없을 경우에는
'땅속, 바닷속'처럼 '속'을 주로 어울려 쓴다.

"안에서 새는 바가지 밖에서도 샌다" "요즘 나라 안팎이 시
끄럽다"에서 볼 수 있듯이 '안'은 '밖'과 짝을 이루고 '속'은 '겉'과
짝을 이룬다. "겉 다르고 속 다르다." "겉만 번지르르하지 속은
비었어."

→ 59. 속

# 71

# 않다

'안(아니) 하다'의 준말. '않다'는 '못한다'는 말과 달리 할 힘이 있거나 할 수 있지만 마다하거나 마음 내켜 하기를 그만두거나 몸이나 손발이나 애쓰기를 싫어하는 것이다. 또는 '그렇다(긍정)' 고 하는 말에 맞서 '안 그렇다(부정)'고 우기는 말이다.

"말은 않고 웃기만 할 뿐." "몸이 좋지 않다." "마음이 편치 않다." "말하고 싶지 않다."(말 섞고 싶지 않다) "난 널 사랑하지 않 아."(미워하지 않아) "우리는 서로 맞지 않아." "그 말 내 맘에 들지 않아." "다시는 만나지 않으면 좋겠어." "못할 말 안 할 말 가리지 않네." "말대꾸하지 않으면 어디 덧나니?" "하다 욕먹느니 차라 리 않고 말지."

'한다, 안 한다'는 말은 '된다, 안 된다'는 말과는 결이 다르다. '않다'는 말은 부정적인 말을 넘어서서 적극적인 말이다. 그 안 에 '함'이 스며 있기 때문이다. '함'은 '힘'을 쓰는 것이다. 무엇을 '안 되게 하는' 힘이 '않다'는 말에 숨어 있다. 단순부정 '아니다 (안+이다)'와는 다른 말이다. 그 안에는 뜻함(의지)이 숨 쉬고 있다.

"못하는 게 아니라 안 하는 거야"라는 말에 숨어 있는 뜻. '못된 말'과 '안 된 말'이 다르듯이, 못된 말은 않는 게(안 하는 게) 낫다.

→ 97. 하다, 43. 못하다

# 72

# 알

알은 거의 둥근 꼴을 지니고 있다. 불알도 그 꼴이다. 달걀도 그렇다. 담배나 무, 배추 씨알(씨앗, 씨)도 둥글다. 담알(난자) 꼴이라도 다를 게 없다. 나는 '아기'라는 말이 '알'에서 나왔다고 본다. 제주도에서는 달걀을 '닭새끼'라고 부른다(뭍사람들 귀에는 '독새끼'로 들린다). '닭+ㅅ+애기'(사이시옷이 뒤로 붙어 '새기'가 되고, '기'가 된소리로 바뀌어 '새기'가 '새끼'가 되었다). 《삼국사기》인지 《삼국유사》인지 둘다인지 가물가물하지만 '김알지'가 나온다. 김씨들 가운데는 이 이름을 성은 김가요, 이름은 '알지'로 알고 조상으로 떠받드는 이들이 있다. 내 언어고고학적 고찰에 따르면, '고마, 개마, 금와, 거미, 기미, 가마, 가미, 구미, 곰, 김, 감, 검……' 들은 모두 하늘(밤하늘)을 가리키는 한 뿌리에서 나온 말이다. 중국어로 '천'이다. (이쯤 해서 토성으로 알려진 김씨 가문은 스스로 '천손'으로 자랑스러워해도 되겠다.) '알지'는 나중에 'ㄹ'이 빠지고 '아지'가 된다(알지→아지). 여기에서 '아기→아지'로 바뀐다는 것은 쉽게 알 수 있다. '송아지, 망아지, 강아지, 도야지(돼지)……'

저마다 소, 말, 개(가히), 돝의 '아기'라는 말이다. ('아기'가 '아리'로 바뀐 것은 목구멍소리인 'ㄱ'보다 입안에서 나는 'ㄹ'이 더 소리 내기 쉽기 때문이다.) '알지'는 '알'과 '아지(아기)'의 중간 형태로 보면 된다. '앋알(아들)', 곰의 '앋알', 김의 아들, 곧 중국식으로 풀면 '천자', 하늘의 아들이다. 한 부족의 우두머리를 일컫는 이름이었다. 씨도 하늘을 닮아 둥글다는 말을 하는 것으로 그치겠다. 해도, 달도, 별도, 땅도 하다못해 빗방울, 비눗방울도 둥글지 않은가? "호박같이 둥근 세상 둥글둥글 삽시다."

➡ 52. 불

# 73

# 알다

보고 듣고 냄새 맡고 혀로 맛보고 살갗으로 느끼거나 머릿속이나 가슴속에 간직한 것을 되살려내어 그것이 무엇인지를 맞히다. 이름씨 꼴은 '앎'(중세에는 '아롬'이라고 일컬었다). '아롬사랑'('philosophy'를 옮긴 말. 일본에서 지어낸 한자어로는 '철학') '알음알이'는 한자어 '분별지'를 옮긴 우리말. '모르다'와 짝을 이루는 말(알다↔모르다).

"아는 것이 힘이다."(모르는 게 약이야.) "알면서 속는다." "알면서 시치미를 뗀다." "니가 알기는 뭘 알아?" "나 모르는 것 빼고 다 알아." "너 내 마음 알아?" "내가 니 속에 들어가 봤냐?" "껍데기만 알고 속은 모르면서." "니 속셈 알지 못하는 거야 당연하지." "내가 그걸 꼭 알아야 하니?" "내가 아는 것만 물어." "알았다, 알았어." "무슨 말인지 알겠구먼." "아는 건 쥐뿔도 없으면서." "똥인지 된장인지 먹어봐야 아냐?" "뻔히 알면서." "아는 게 힘든 게 아니야. 행동으로 옮기는 게 힘들지." "귀신같이 아네."

"나 헤엄칠 줄 알아." "나 서울 남대문이 어디 있는지 알아."

"나 세모꼴이 무엇인지 알아." 아는지 모르는지를 가려보는 세 가지 방법. "나 헤엄칠 줄 알아."(물에 빠뜨려본다.) "나 남대문 알아." (거기 나 데리고 가서 내 눈에 보여줘.) "나 세모꼴 알아." (세 곧은 줄이 만나서 이루는 안쪽 세 모서리 각도를 합하면 180도인 평면도형이야.)

"난 배우지 않고도 아는 힘을 타고났어." "다른 사람들은 스스로 모른다는 것조차 모르는데, 나는 내가 모른다는 것만은 안다."(소크라테스가 했다는 말. 어디서 그런 말을 했는지 찾아보지 못했다.)

할 줄 아는 것과 느껴서 깨달아 아는 것과 머리 굴려 아는 것은 저마다 다르다. 겉핥기로 아는 것과 속속들이 아는 것도 다르다. 아는 게 모래알 하나라면 모르는 것은 산더미다. 유식한 말로 아는 것이 산술급수로 늘어난다면 모르는 것은 기하급수로 늘어난다. 철학에서는 '앎'을 다루는 영역을 인식론이라고 부르는데, 이 분야의 논문과 책만으로도 산더미를 이룬다. 그러니 이쯤에서 "끄세쥬(Que sais-je 내가 무엇을 알리오?)"를 외치며 빠져나가는 미꾸라지 병법이 상책이렷다.

➡ 41. 모르다, 43. 못하다

# 74

# 앞

눈, 코, 입이 달린 얼굴이 향하는 쪽. 발이 발가락 쪽에서 내딛는 쪽. 줄이 시작하거나 움직이는 쪽.

앞서기 좋아하는 이들이 있다. 꼭 앞장서야 직성이 풀리는 사람도 있다. 앞뒤 가리지 않고 맨 앞에 서려는 사람들이 많아서 줄을 설 때 키순으로 줄을 세웠는지도 모르겠다(내가 어렸을 때 초등학교 운동장에 줄을 설 일이 있으면 꼭 그렇게 섰다). 나보다 힘센 사람을 두둔하면 앞잡이라는 말을 들을 때도 있다.

편지나 공문서에 누구누구 '앞'이라는 글이(한 글자로 이루어진 낱말이) 적혀 있는 때가 있다. 옛날에 쓰던 '앞 전'을 고지식하게 바꾸어 썼으려니 여기면서도 불쑥 치밀 때가 있다. 왜 '앞'이야? '님'이나 '에게'라고 하면 어디 덧나나?

'앞가림한다'는 말도 있다. "제 앞가림이나 잘 해." 남이 보지 못하게 앞을 가리라는 말은 설마 아니겠고, '가리다(고르다)'라는, 소리는 같으나 뜻이 다른 말을 골라 썼을 텐데, 그렇다면 선택을 잘 하라는 뜻이겠는데, 어떻게 해야 앞을 잘 가릴 수 있지? 그럴

선택권이 내게 있기나 하나? 이런 말을 들을 때는 정말 앞이 캄캄해진다.

나는 앞만 보고 살아온 사람이다(뒤돌아보는 일에 게을렀다). 코앞이 한 치도 내다보이지 않을 때도? 정말 앞이 보이지 않을 때가 있다. 둘러보아도 아무도 앞에 나서 이끌어줄 사람이 없다. 앞에서도 말한 바가 있지만, 앞뒤 재지 않고 성큼 앞길을 열어주는 사람이 옆에 있으면 앞날이 환하게 열릴 텐데…….

나는 머리통이 울퉁불퉁해서 '앞짱구 뒤짱구 사발짱구'라는 놀림을 받을 때도 있었다(어릴 적 이야기다). 어거지로 말을 이어가다 보니 '앞뒤'가 엉킨다. 앞으로는 말을 잘 가려 써야지. 마음만 앞서 앞뒤 생각 없이 앞으로만 내닫다가 사고를 쳐서 눈앞이 캄캄해진 적은 없는가? 앞일이 무서워서 꽁무니 뺀 적은 없는가? 앞에서는 알랑거리고 뒤돌아서면 욕한 적은 없는가? "뒷물이 앞물을 밀어낸다"는 말을 내가 어디서 들었더라? "앞산에는 진달래가 피고 뒷산에서는 뻐꾸기가 울고" 나 요즘 앞뒤 걱정 없이 이렇게 지낸다네. 그러니 내 앞에 코도 디밀지 말게. 어느 앞이라고 함부로 나불대는 거야? 이쯤 하면 '앞' 이야기는 다 끝났나?

→ 27. 뒤

# 75

# 어머니

나는 어려서 어머니를 잃었다. 열두 살. 6·25 전란이 어머니를 무너뜨렸다. 눈 깜짝할 사이에 자식 여섯이 사라졌다. 우리 나이로 여덟 살 난 나, 열 살 난 팔병이 형. 열두 살 난 일곱째 형을 닦달해 왕십리에서 호박, 애오개에서는 천도복숭아를 가져다 길가에 놓고 팔게 하고, 당신은 명아주 풀을 뜯어다 우리에게 풀죽을 쑤어 먹였다. 팔병이 형과 나는 밤마다 이불에 오줌을 쌌다. 어머니는 9·18 수복 이후로 시가전이 벌어져 총알이 씽씽 소리를 내며 날아다니는데도 폭격에 폭삭 내려앉은 집에서 타다 남은 서까래를 주워서 묶어 머리에 이어 날랐다. '죽는 사람은 죽더라도 산 사람은 살아야제.' 속으로 하는 말이 들리는 듯했다. 아버지가 포목 장사를 하느라고 집을 떠난 뒤 어머니는 이렇게 악착같이 어린 우리 형제를 살리느라 애썼다. 그 와중에 부역자로 몰려 일곱째 형과 함께 끌려가 고문을 당하기도 하고, 이리저리 피난살이로 떠돌다 4년 뒤인 1954년에 냇가에서 겨울 빨래를 하고 돌아와 몸져눕더니 사흘 만에 세상을 떴다.

외할아버지가 도박 빚으로 열다섯 나이에 술집에 팔아넘겨 열아홉 살까지 산전수전 온갖 풍파를 겪다가 그때 열 살 위인 우리 아버지 만나 자식 아홉 낳고 고생만 하다가 돌아가신 우리 어머니. 살려고, 살아남으려고, 제 배로 낳은 새끼들 살리려고 온갖 손가락질 다 받으면서 버텨낸 어머니, 나는 이런 어머니가 낳고 기른 아들이다. 나는 죽어가는 어머니의 쭈글쭈글한 젖가슴을 만지작거리면서 보챘다. "일어나, 일어나서 밥해줘." 참 철없는 막내둥이였다.

➡ 68. 아버지, 69. 아이, 95. 품

# 76

# 얼굴

　"동그라미 그리려다 무심코 그린 얼굴" 얼굴 그리기는 연필을 쥔 고사리손이 처음으로 마무리 짓는 가슴 벅찬 일이다. 아무렇게나 (그러나 아이로서는 힘겹게) 동그라미 그려놓고 이게 뭐냐고 물으면 "엄마"라고 하는 아이의 얼굴을 보고 "아이고 내 새끼" 하고 입이 함지박만 해지는 엄마 얼굴이 떠오른다. (동그라미는 하늘이기도 하고 부처님 얼굴이기도 하다.) '얼굴'이라는 말은 재미있는 말이다. 얼빠진 얼간이가 아니라면 '얼'이 무슨 말인지 모를 사람이 없다. '얼'은 우리 가슴, 또는 머리에 자리 잡은 무엇이다. (나는 머리통 속에 들어 있다고 우리 할배들의 할배, 할매들의 할매들이 믿었다고 본다.)

　'굴'은 저절로 뚫리거나 사람이나 그 밖의 '산이(살아 있는 것)'들이 땅에 뚫은 구멍이다. 귀, 눈, 코, 입은 '얼'이 머리통 앞이나 옆에 뚫은 '굴'이다. 그 안에서 얼은 눈으로는 밖을 내다보고, 귀로는 소리를 받아들이고, 코로는 냄새를 맡거나 숨을 쉬고, 입으로는 먹을 것, 마실 것을 가려 배를 채우거나 말을 내뱉는 일을 한다. 얼굴은 반반하기도 하고, 빤빤하기도 하다. '얼굴값'을 하라는 핀잔을 받을 만큼 '얼굴이 두꺼운' 사람도 가끔 있다. '얼굴이 곱다'는 말을 듣고 '얼굴 간지러워' 하는 이들도 있다.

　나는 '얼굴이 못생겨서' 놀림감이 된 적이 많았다. 어릴 적에 "엄마, 내 얼굴 왜 이렇게 못났어?" 하고 물으면 "힘들어서 그렇게 낳았다" 하면서 뒤에 "이쁘기만 하구먼" 하고 덧붙였다. 여남은 살 언저리에 툴툴거리면, "얼굴 파먹고 사냐?" 하고 퉁을 주기도 했다. "나이 마흔이 넘으면 제 얼굴에 책임을 져야 한다"는 말은 링컨이 했다던가? (그 말 했다는 링컨 얼굴 아무리 뜯어봐도 잘생긴 얼굴로 보아주기는 힘들다. 얼굴이라면 정우성쯤은 돼야지.) '족제비 같은 얼굴 생김'이라는 말은 드러내놓고 하는 욕이지만, 해사한 얼굴이라고 해서 반드시 좋은 말이라고는 할 수 없다. 그래도 웃는 얼굴은 얼굴빛이 환해서 좋다. 옛날에는 '얼굴이 달덩이 같다'는 말이 큰 칭찬이었으나 요즘은 그런 말 들으면 얼굴이 굳어지는 사람이 많다는 이야기도 들린다. 그래서 '얼굴이 예쁘다'는 두리뭉실한 말보다는 눈빛이 그윽하다든지, 콧마루가 오똑하다든지…… 얼굴을 부분 부분 도려내서 알랑거리는 게 상대방 마음을 사는 길이라는 말도 들린다. 섣부른 관상쟁이 흉내를 내서 얼굴을 뜯어보고 아무 말이나 입에 올렸다가는 큰코다친다.

# 77

# 없다

'어시다'라는 옛말에서 '시'가 줄어 'ㅅ'만 남고 거기에 'ㅂ'이 덧붙어 된 말. '어와 같다'(앞선 것 같다. '어'와 비슷하다. '지난 듯하다' '사라진 것이나 다름없다' 같은 여러 뜻으로 갈라지는 말) '없다'의 반대말은 '있다'.

"없는 것이 있다"는 건 '빠진 것이 있다'는 말이고 "없는 것이 없다"는 말은 '다 있다'('없는 것'도 '있는 것'에 든다)는 말이다. '없다'는 인도유럽어 '안 있다' 또는 '안이다' 자리에 쓰이는 말로서 우리 (조선 어족)의 생각이 그들(서구 언어를 쓰는 사람들)의 생각과 언제 어디에서 어떻게 다른지를 드러내는 본보기가 되는 말 가운데 하나다. 말이 다르면 생각도 느낌도 다르고 세상을 보는 눈도 달라진다.

'업신여기다'는 옛말 '업시너기다'에서 온 말인데 '없는 사람'으로 여긴다는 뜻에서 다른 사람을 낮춰보거나 하찮게 여긴다는 뜻을 갖게 되었다. 인종차별 가운데 가장 못된 차별이 있는 놈이 없는 사람을 차별하는 것이다. "없는 놈 어디 서러워서 살

겠나."

"과거는 이미 없고 미래는 아직 없다." 있는 건 지금뿐이다. "미련이 없다"는 건 마음을 비웠다는 뜻이고 "마음에 없다"는 건 마음에서 사라졌다는 말, "할 마음이 없다"는 건 내키지 않는다는 말이다. 있을 것은 있고 없을 것은 없는 세상이 좋은 세상이고, 없을 것이 있고 있을 것이 없는 세상은 바꿔야 할 세상이다. ('있음'과 '없음'에 대해 더 자세하게 알고 싶다면 《철학을 다시 쓴다》를 보기 바란다.)

➜ 86. 있다

# 오다

다른 곳에서 나나 우리가 있는 쪽으로 움직이거나 이것저것이 흘러드는 것을 가리키는 말. 사람뿐 아니라 비나 눈도 오고 소식도 오고 계절도 오고 잠이나 느낌도 온다. 기회나 차례도 온다. 강물은 흘러오고 밀물은 밀려오고 바람은 불어오고 구름은 몰려온다. 스스로 오기도 하고 남을 따라오거나 남한테 끌려오기도 한다. 갔다가 되돌아오기도 하고 왔다 갔다 하거나 오락가락하기도 한다.

"왔다, 보았다, 이겼다(Veni Vidi Vici)." 로마 군대의 우두머리인 카이사르가 전쟁에서 승리를 거두고 했다는 말이다. "오다가다 들렀네." "원님 온다고 해서 길 닦아놓았더니 비렁뱅이가 먼저 지나간다." "오는 사람 막지 말고 가는 사람 잡지 말라." "오면 온다, 가면 간다고 말이나 하지. 온다 간다 말없이 사라졌어."

→ 1. 가다

# 왜

　어째서, 무슨 까닭이냐고 묻는 말이다. 아이들이 우리 나이로 세 살쯤 되면 "이 모야? 이 모야?"라고 묻는 일이 많다. "이것이 무엇이냐?"라는 물음을 이렇게 줄여서 한다. 서로 다른 것에는 다른 이름이 있다는 걸 알고, 그 이름이 무엇인지 알고 싶은 것이다. 그렇게 해서 '멍멍이'의 이름이 '개'이고, '음매'의 이름이 '소'라는 것을 배운다. 이 아이가 대여섯 살이 나면 그 입에서 '왜'라는 외마디 말이 쏟아진다. 걸핏하면 '왜'냐고 묻는다. "왜 나만 미워해?"라는 입 부르튼 '왜'에서 "바다는 왜 넓어?"라는 쉽게 대답할 수 없는 물음까지 '왜'라는 물음은 얼빠지거나 넋 나가거나 숨이 멎을 때까지 이어진다. '나는 왜 이따위 글을 쓰고 있지?'

# 우리

나와 너가 만나 우리를 이룬다. 그 안에 내가 들어 있는 사람 울타리가 우리이다(내가 빠지면 우리가 아니다). 이 우리(울타리)는 때와 자리에 따라 넓어지기도 하고 좁아지기도 한다. 가장 좁은 우리는 너와 나이다. 둘만 모여도 우리를 이룰 수 있다. 가장 넓은 우리는 '있는 것과 없는 것 모두 다'이다. 한뉘 안에 있거나 없는 것 모두가 한 울타리 안에 있다. 모두 우리다. 다만 그 안에 내가 없으면 우리도 없다는 게 사람 생각이다.

우리나라 사람들은 '내 집, 내 엄마, 내 나라'라고 하지 않고 '우리 집, 우리 엄마, 우리나라'라고 말한다. 좋게 말하면 개인주의가 아니라 공동체 의식을 지녔다고 볼 만도 하다. 하지만 자칫하면 우리 의식은 우리 편과 너희 편을 갈라 치는 패거리 의식이 될 수도 있고 내 겨레붙이만 소중하다는 종족우월주의로 빠져드는 샛길이 될 수도 있다.

"우리는 배달(택배?) 민족이다." "우리는 너희와 다르다." "우리는 옳고 너희는 틀렸다." "우리끼리 잘 먹고 잘 살자." "우리가 남이가?" "우리는 대한민국의 딸 아들, 백두산 영봉에 태극기를 휘날리자." '우리 식 민주주의' "우리 인간은 만물의 영장이다." "(나는 가난해도) 우리는 부강한 나라다." "우리는 이렇게 본다."('나는 이렇게 본다'를 에둘러 하는 말, '나'라고 하면 빠져나갈 구석이 없다고 여기는 사람이 끌어대는 수사학적 책임 회피 언어다.) '우리 여자들은'('우리 남자들은') "까치까치 설날은 어저께고요. 우리우리 설날은 오늘이래요."

➡ 12. 나, 17. 너

# 81

# 울다

"울다가 웃으면 똥구멍에 털 난대." '시일야방성대곡(오늘 크게 목 놓아 운다.)' "아침에 우는 새는 배가 고파 울고요. 저녁에 우는 새는 임 그리워 운대요." "울 일도 쌔고 쌨다." "울고 넘는 박달재." "운다고 옛사람이 오리오마는……."

운다. 온 나라가 함께 운다. 풀벌레가 울고. 개구리가 울고. 산새들도 운다. 잘 웃고 잘 운다. 그러면서 논다. 놀고들 있다. 태어나면서 울고, 죽고 나면 곁에서 울어준다. "아이고아이고." "애고애고." 울음판 끝에 웃음판이 벌어지기도 한다. 울 일이 없으면 웃을 일도 없다. 마을이 텅 비었다. 굴뚝에서 연기 안 오른 지 까마득하고, 마당에는 풀이 무성하다 못해 산에서 바람에 날려온 씨앗들이 크고 작은 나무들을 키워내고 있다. 죽을 날 앞둔 할매들이 할배들 먼저 보내고 마을회관에 모여 앉아 "아그들이 없응게 웃을 일이 있어야제. 아그들 우는 소리가 보약인디……" 하고 먼 산을 바라본다. 이 땅에 자리 잡고 살던 우리 할배 할매들은 처음부터 타고난 유물론자였는지도 모른다.

'눈물' 그래, '눈에서 나오는 물'. 솥단지 위쪽 벽에 물그릇 하나 받쳐놓고 조왕신으로 모시고, 하늘에는 국자 같은 칠성님이 계시고, 호랑이(범)를 애완용으로 기르는 산신령이 마을을 굽어보고 있다고 믿었으나 그냥 그뿐. 죽으면 북망산으로 간다고 여겼다. 이런 단순 소박한 할배 할매들한테서 울 일도 웃을 일도 없는 가슴속까지 바짝 메마른 아이들이 생겨났다. 삶에는 눈곱만치도 도움이 안 되는 조기교육에 찌들어, 손발도 제대로 못 놀리고, 손가락만 까딱거려, 가깝지도 않은 사람들과 문자질을 하면서, 웃음도 눈물도 혼자 삼키는 아이들. 등 떠밀려 취업에 도움이 된다고 대학과 대학원에서 학사, 석사, 박사 학위까지 받아도 일자리가 없어서 학비로 빌려 쓴 빚더미에 깔리고. 알바나 비정규직으로 전전해도 누구 하나 도움의 손길 내밀지 않는 비정한 세상에 속으로 이를 가는 젊은이들. 이들과 함께 울자. 울어나 보자. 풀벌레도 모으고, 산새, 들새, 지렁이, 고라니까지 다 불러 모아 시일야방성대곡!

● '시일야방성대곡'은 장지연이 1905년 11월 20일 《황성신문》에 올린 글 제목이다. 장지연은 이 글에서 고종의 승인을 받지 않고 을사늑약을 맺은 이토 히로부미와 을사오적(이완용, 박제순, 이지용, 이근택, 권중현)을 꾸짖었다.

➡ 62. 슬프다

# 82

# 위

"사람 위에 사람 없고, 사람 아래 사람 없다." "위아래가 따로 있나." "위에 있을 때 잘해야지." "아랫사람들은 뺑뺑이를 치는데 위에서는 뭐 하고 있는 거야?" "윗자리에 있는 놈들 다 갈아치워야 해." 젊었을 때는 이렇게 말하던 사람들도 나이가 들고 지위가 올라가면 달라진다.

"찬물도 위아래가 있는 법이야." "위아래가 분명해야 위계질서가 선다니까." "위아래도 몰라보는 놈." "버릇없는 강아지 솥뚜껑 위에 올라앉는다." "잔말 말고 위에서 시키는 대로 해." "윗사람 노릇 하기는 쉬운 줄 알아?"

그러면 '아랫사람'들은 또 이렇게 투덜댄다. "윗물에서 놀더니, 아래는 아예 눈에 뵈지도 않나 봐." "윗사람 잘 모시라고? 아랫사람이 종이냐?" "윗물이 맑아야 아랫물도 맑지." "위만 올려다보지 말고 아래도 내려다봐."

겉으로만 민주 사회일 뿐 뼛속 깊이 서열 의식이 뿌리박힌 사회에서는 힘은 위에서 아래로 내려가고 뇌물은 아래에서 위로 올라간다. 그래서 윗자리에 있는 놈은 돈방석에 앉고 아랫자리에 엎드려 있는 놈은 매만 번다.

# 이

지금, 여기에서 나와 가까이 있거나 생각하는 대상을 가리키는 말. '이것, 이곳, 이이(이 사람, 흔히 아내가 남편을 이런 말로 부른다), 이때, 이제, 이 자리, 여기(이어기의 준말), 이 일'처럼 말하는 사람과 듣는 사람에게 가까이 있는 어떤 대상을 가리킬 때 쓰는 말. "이 사람(나 또는 내가 가리키는 사람)은 두려울 게 없는 사람입니다."

'때'와 관련하여 '어'와 '아' 사이에 있는 말. '어제(과거)'와 '아제(미래. '아직'이라는 말로 살아 있다)' 사이에 '이제(현재)'가 있다.

'이것저것, 이곳저곳(여기저기), 이제나저제나, 이 일 저 일, 이 사람 저 사람'처럼 '이'는 '저'와 어울려 무엇을 두루 이를 때 쓰인다. "이도 저도 아니다."

→ 7. 그

# 익다

"잘 익혀 먹어야지. 안 그러면 배탈 나." "이 열매 잘 익었구면." "배우고 틈내서(틈나면) 익힌다." '무르익었다'(물이 뚝뚝 떨어질 만큼 익었다?) "벼는 익을수록 고개를 숙인다." '설익은 이론, 낯익은 얼굴, 익은 버릇, 손에 익은 낫질, 덜 익은 보리……' 물 부어 불에 익히면 쌀이 밥이 된다. 이것을 쌀밥이라고도 하고 이밥이라고도 한다. 보릿고개가 한창이던 나 어렸을 때는 이밥은 추석이나 설날, 아니면 제사 때나 맛볼 수 있었지. 보통 때는 깡보리밥이나 조밥으로 끼니를 때웠다. 그래서 산과 들을 뒤져 목으로 넘어갈 만한 것은 가리지 않고 닥치는 대로 먹었다. 삘기, 찔레순, 싱아, 송기(소나무 속껍질), 띠뿌리……. 가릴 게 없었다. (자연이 굶주린 어린 것들을 살렸다.)

오월 단오 전에는 염소가 뜯어 먹는 풀을 보아두었다 그걸 먹어도 뒤탈이 없다고 했다. 가뭄에 물조차 말라버린 아프리카 아이들이 지금 겪고 있는 그 참상을 우리도 겪었다(겪지 않으면 모른다. 가난은 겪고 견디는 것이지 선택이 아니다). 밥을 익히고 방을 덥히려면 십 리도 넘는 산길을 걸어 먼산나무를 지게에 지고 내려와야 했다. 내 나이 열 살도 안 되던 때였다(요즘 같으면 이 나라 아비어미들 열에 아홉은 아동학대죄, 유아노동착취죄로 쇠고랑을 차야 했을 것이다). 어쩔 수 없었다. 아비어미는 더 힘들게 일하면서도 배고프지 않다는 거짓말을 하면서 제 그릇 밥을 덜어 아이들을 먹여 살렸다.

모두 지난 이야기라고? 북녘에서는 아직도 그 어려움을 겪는 이들(애, 어른 가릴 것 없이)이 있고, 남녘이라고 강 건너 불 보듯이 보아 넘길 일이 아니다. 대한민국의 식량(곡물)자급률은 25퍼센트를 넘지 못할 것이다. 미국 밀이 안 들어오면 언제 다시 보릿고개가 찾아올지 모른다. 식량 자급을 못하는 나라는 주권국가라고 할 수 없다. (내가 십 년도 넘는 지난날에 한 이야기가 《노동시간 줄이고 농촌을 살려라》라는 조그마한 책으로 묶여 나왔으나 거들떠보는 사람이 없다.)

많이 듣던 귀에 익은 말, 많이 보던 눈에 익은 글이라도 코앞에 닥치지 않으면 들리지 않고 보이지 않는다. 신물이 날 만큼 보고 듣던 이야기라도 코앞에 닥치지 않으면 귀에 설고 눈에 설다. 그래서 익히고 또 익혀야 한다. 땡볕에 낯이 익고 살이 익는 생산노동을 해보지 않은 사람은 눈물 젖은 빵의 맛을 모른다.

→ 57. 설다

182

# 일

살려고, 살리려고 손발 놀리고 입 놀리고 머리 놀려 하는 짓. 또는 허투루 벌이는 짓. "일과 놀이는 하나다." "놀지도 못하고 일만 죽어라고 한다." "쉬엄쉬엄 일하세." "서둘다 일 망치기 십상이야." "일은 입으로 허는 거 아녀." "일을 일같이 해야지." "일이 일다워야지." "일하지 않는 놈은 먹지도 마라." "일만 쌔빠지게 허믄 뭣혀? 목구멍에 풀칠도 못허는디." "먹고사는 일이 가장 큰 일이제." "일 났네, 일 났어." "일 치르게 생겼네." "그런 일도 겪었다고(당했다고)?" "큰일 벌여 놓았구먼." "일없어."(남녘에서는 주로 '필요 없다'는 뜻으로 쓰지만, 북녘에서는 '괜찮다'는 뜻으로 쓴다.)

여러 가지 일이 있다. 해야 하는 일이 있고, 해도 되는 일이 있는가 하면, 해서는 안 되는 일도 있다. 할 수 있는 일이 있고 할 수 없는 일도 있으며, 하다가 마는 일도 있다. 하고 싶은 일도 있고, 하고 싶지 않은 일도 있으며, 마지못해 하는 일도 있다. 나는 지금 무슨 일을 하고 있나?

➜ 18. 놀다

# 있다

옛말 '이시다'에서 나왔다. '이+시+다'('이'는 '바로 눈앞에'를 뜻하는 말이고 '시'는 앞소리와 뒷소리가 뜻이 다름을 가리키는 사잇소리다. 나중에 홀소리가 떨어져 나가 사이시옷으로 바뀌었다. '다'는 '이다'의 준말.) 본디 우리말은 일본말이나 이태리말처럼 닿소리(자음)와 홀소리(모음)가 모여서 하나의 소리 단위를 이루고 받침이 없었다(홀소리와 'ㄴ, ㄹ' 같은 몇몇 닿소리를 빼고). 받침이 생겨난 것은 5세기 뒤로 우리말에 한자음이 뒤섞이기 시작한 때부터라고 국어학자들은 말한다. '이제'가 한자어 현재를 가리키는 말임에 비추어 볼 때, 그리고 '어제'가 과거, '아제(아직)'가 미래를 가리키는 말임을 비추어 볼 때, 그뿐만 아니라 '어이'가 어버이를 가리키는 말이었고 '아이'가 아직도 어이가 낳은, 뒤에 태어난 이를 가리키는 말로 살아남아 있음을 볼 때 '어'는 '먼저, 앞서' 또는 '없어진('어'가 되어 사라진 것과 같은)'을 나타내는 말이었음에 틀림이 없다.

'있다'는 '이다'에서 나온 말이다(이다→이시다→잇다, 있다). "있는 것이 있다"는 말은 "인 것이 이다"라는 같은 말 되풀이(동어반복)

에서 가지 친 말이다. "있는 것이 없다"는 "하나도 없다"는 말이다. '있는 것'과 '인 것'은 '하나'로 가려진다. '하나'의 바탕은 '인 것'과 '있는 것'이다. "아닌 게 아니라('안인' 것이 '안'이라) 있는 것은 있고 없는 것은 없다."

➡ 77. 없다

# 87

# 좋다

중세(15세기 무렵)에 이루어진 불경 언해들을 뒤적여 보면 '맑을 청(淸), 맑을 결(潔), 맑을 정(淨)'을 모두 '좋다'로 옮겨 놓았다. 이 나라는 산이 많고 물매가 가파르고 바위로 이루어진 땅에 숲이 우거져 예로부터 늪지나 황토로 이루어진 다른 나라 물빛과는 달리 시커멓게 썩은 잎새로 검은색을 띠지 않아 물이 맑고, 물맛이 좋았다(이를테면 중국에서는 오행에서 물의 색을 검은빛으로 놓았다. 그러니까 나무는 푸르고, 불은 붉고, 흙은 누르고, 쇠는 희고, 물은 검다고 보았다). 따라서 '좋다'의 짝이 되는 말은 요즘과는 달리 '물짜다'였을 것이다(이 말은 아직도 호남 지방에서는 '나쁘다'는 뜻으로 쓰인다. 물에 소금기가 섞여 짜면 맛이 나쁠 것은 뻔한 일이 아니겠는가).

이 《멋대로 사전》에서는 '곱다'도, '밉다'나 '나쁘다'도 올림말에서 빠져 있으므로 지나는 결에 몇 마디 하자면 '밉다(미+ㅂ+다)', '나쁘다(낮+ㅂ+다)'와 짝을 이루는 말은 '곱다(고+ㅂ+다)'로 보아야 할 것이다. 그 까닭은 이렇다. 우리말에서 'ㅂ다'는 '브다'의 준말인데, '브다'는 '같다, 닮았다, 비슷하다'는 뜻을 지닌 도움말이다.《훈민정음》머리말에는 '어엿비 너겨'라는 구절이 나오는데 이 말은 '예쁘게 여겨'가 아니라 '어이+엇+비' 여긴다는 뜻이 담겨 있다. 이 말의 움직씨(동사)는 '어이엇브다'이었을 텐데, 이 말은 '어이(어버이)'가 '엇(없)는 것 같다(브다)'는 뜻을 지니고 있다.

'고'는 한자어가 아니라 우리 옛말에서 '높은 데'를 가리키는 말이었고, 이곳저곳을 가리키는 '곳'도 '고'에서 나왔다고 본다. 이로 미루어 보면 '곱다'는 '높은 것 같다'는 말이고, 여기에 짝을 이루어 맞서는 뜻을 지닌 '밉다'는 '미(낮은 데→밑)와 같다'는 말이다. '닮았다', '나쁘다'도 '낮다'와 '브다'가 한 낱말로 뭉쳐 '낮은 것 같다'는 뜻을 지녔다.

우리말에서 물이 빛깔을 드러내는 그림씨(형용사)로 쓰이지 않은 까닭은 물이 맑기 때문이었다. '물이 맑다'는 말은 '물이 물 같다'는 같은 말 되풀이(동어반복)이다. '물은 맑고 불은 밝고 풀은 푸르다.' 빛깔을 나타내는 우리말 그림씨는 이렇게 이름씨에서 스스럼없이 갈라져 나올 수 있었다. 한마디 덧붙이기로 하자.

누리(땅, 흙)는 누르고 (검은 하늘에 줄을 치고 먹이를 기다리는) 거미는 검다. 고마(나루 이름, 고마나루→웅진), 개마(고원), 금와(왕), 가마(솥), 기미(얼굴에 찍힌 검은 점), 거미, 구미(구멍), 김(성씨), 금(성씨), 모두 한 뿌리에서 갈라져 나온 말이다.

'좋다'가 '맑다'에서 나온 말이고, '맑다'가 물에서 나온 말이니, '물 좋다'는 말은 본디 '물 맑다'는 뜻을 지녔다고 보아야 한다. 맑은 물은 맛도 좋다. 개운한 맛이다. 목이 마른데 물이 짜면 눈살이 찌푸려지고, 물이 좋으면 얼굴도 환히 펴진다.

맛이 좋다(맛깔스럽다), 기분 좋다(즐겁다), 사람 좋다(착하다), 날씨가 좋다(맑다), 혈색이 좋다(건강하다), 몸에 좋은 음식(건강에 이롭다), 넉살 좋다(염치가 없다), 산보다 바다가 좋다(마음에 들다.)

"좋은 게 좋은 거지." "좋은 거 좋아하네." "좋은 세상 만들어 보자." "누구 좋으라고?" "씨가 좋아야지." "씨만 좋으면 뭘 해? 밭이 좋아야지." "좋은 농사꾼에게 나쁜 땅은 없어." "좋은 각시 만나서 좋겠다." "좋은 인연이네." "다음에는 좋은 부모 만나라." "좋다고 다 좋은 건 아니여."

# 주다

"주면 받아야지." "줄 생각 없는데, (받을 놈) 김칫국부터 마신
다." 주고받는다는 게 이렇다. 한쪽에서는 넙죽, 한쪽에서는 튕
긴다. 내가 주는 막걸리, 내가 받아 마셔야지(막걸리 한 병 비우면서
쓰고 있다). 쉰 넘은 우리 아버지가 주는 씨를 우리 어머니 알이 마
지막으로 받아들여 막내인 나를 낳았다. 이것도 주고받았다고
할 수 있나?

'주다'라는 말에는 여러 뜻이 담겨 있다. 줄 것이 얼마나 많
은가. 굶주린 이에게 먹을 것을 줄 수도 있고, 어떤 사람에게 벼
르다가 망신을 줄 수도 있고, 넌지시 마음이나 정을 줄 수도 있
다. 줄 것이 많은 사람은 복된 사람이다. 받기만 하고 줄 것이 없
는 삶이 얼마나 비참한지는 빈털터리가 되어본 사람만이 느낄
수 있다. (스스로 비렁뱅이로 살겠다고 마음 다진 부처 같은 이만 빼고……. 아니,
예수도 그런 사람 아니던가.)

나는 어렸을 적에 피난민으로 정부에서 지어준 단칸 쪽방에
살면서 이웃집에서 딸이 신행 왔다고 떡 쟁반을 들고 왔을 때,

그냥 돌려보내지 못하고 빈 그릇을 돌려줄 때 얼핏 보았던 아버지의 낯빛을 잊지 못한다. 그것은 스스로에 대한 노여움을 감추지 못해 흙빛으로 바뀐 굳고 일그러진 얼굴이었다(여느 때는 남에게서 무엇을 받았을 때 빈 그릇을 돌려주는 법이 없었던 아버지였다). 서로 고마워하면서 남는 것은 주고 모자라는 것은 받는 주고받는 삶. 이웃이 어려울 때는 저 먹을 것, 입을 것도, 조금 굶주리더라도, 조금 춥더라도, 허리띠 졸라매고 나누어 줄 수 있는 인심, 그런 사람들과 한마을을 이루고 살다가 전란을 만나 하루아침에 알거지가 되어 이리저리 떠돌며 탈지분유, 강냉이 가루, 울긋불긋한 구제품 옷을 주는 대로 받을 수밖에 없는 수모를 겪던, 아내도 자식들도 떠나보내고, 달랑 슬하에 남은 막내 하나만이라도 지켜야겠다고 모진 목숨을 이어가던 그 늙은 아비의 눈빛을, 그보다 훨씬 더 늙은 나이의 이 늙은이는 잊지 못한다.

"떡 줄 사람은 생각도 않는데 김칫국부터 마신다"는 말이 있다. 어떤 이들은 "일껏 표를 주어 대통령도 만들어 주고, 국회의원으로도 뽑아 주었는데, 왜 나한테 돌려주는 게 없는 거야, 다시 표를 주나 봐라" 하고 벼른 끝에 어깃장 놓느라고 싫어하던 후보에게 한 표를 찍어 주고 뒤늦게 가슴을 치는 일도 있다. 손발 움직이고 몸 움직여 먹을 것, 입을 것, 잠자리 마련해 주는 사람들에게 아무것도 되돌려 주지 않으면서 수모를 주거나 면박 주기를 일삼는 사람들이 한둘이 아닌 이 빌어먹을 세상을 무엇으로 되갚아 주어야 하지? 해 줄 것이라고는 쓴소리밖에 없다.

챙겨 주고, 보듬어 주고, 가슴 쓸어 주는 손이 천 개나 되는 '관세음보살'(고맙고 또 고맙습니다).

→ 48. 받다

# 89

# 죽음

죽었다 깨어나 보니 가슴 오른쪽 빗장뼈 바로 밑에 인공 심장 박동기가 달려 있었다. 변산공동체 식구 한 사람과 마루 끝에 걸터앉아 이야기를 나누다가 숨을 거두고 스르르 내려앉았나 보다. 아무 고통도 느끼지 않고 편히 잘 갔다(어떻게 병원에서 '부활'했는지는 뒤늦게 들었다). 그러니까 이제부터 하는 이야기는 사이보그(기계 인간)가 하는 이야기다.

그 사이 "늙으면 죽어야지"라는 말을 입에 달고 살았다. (내 나이 올해 여든이다. 고로 할아버지 때부터 이제까지 우리 윤씨 집안에서 최장수하는 셈이다.) 언제 한 번 죽었느냐? 그끄러께 2월(그러니까 벌써 세 해가 지났군). 늙은이가 일찍 죽지 않고 몇 날만 앓아도 없는 집 살림 거덜나기 십상이다. 죽음이 두렵지 않느냐고? 잘 모르겠다. 하루살이로 여기고, 아침에 눈 뜨면 '아직도 살아 있네' 하고 속으로 중얼거린다. 그리고 "제일 황당한 게 뭔 줄 알아? 하루살이가 이틀 생각한다는 거야" 할배 개그를 던지면서 주위를 웃기기도 한다.

내 생각으로는 죽는다는 건 몸뚱이 무너지고, 숨결이 흩어진다는 거다. 그러니까 힘이 뭉쳐서 마디마디에 '톨'을 이루다가 어느 순간 풀려나서 '결'로 돌아간다는 것이다. 그게 숨결인지 바람결인지 아니면 삶 결인지는 따질 생각이 없다. "어쩌다 뭉쳐서 몸을 이루던 힘이 다시 어쩌다 풀려서 제 갈 길 간다." 이게 내가 죽음을 두고 할 수 있는 변변찮은 이야기다. 모두 그렇게 오고 그렇게 가지 않던가? 하루살이 벌레, 한해살이풀, 여러해살이 나무나 짐승들. '나는 빼고'는 없지 않은가? 견디기 힘들면 하나님이나 부처님이나 또 다른 거시기 머시기한테 매달릴 수도 있다 (믿음은 힘이 크니까). 나는 루게릭병으로 이루 말할 수 없는 아픔을 겪으면서도 믿음의 끈을 놓지 않은 이를 안다. (살아 있는 게 견딜 수 없다고 여기는 사람은 《누울래? 일어날래? 괜찮아? 밥 먹자》를 한번 펼쳐보기 바란다.) 언젠가 가까운 날 누군가 "돌아가셨네"라고 말하겠지. 그래, 그냥 돌아가는 거다.

➡ 14. 나이

# 집

깃들어 사는 곳. 스스로 짓기도 하고, 남이 지은 데 들어가기도 한다. 제비집, 벌집, 개미집, 초가집, 기와집……. 집집마다, 집안사람(요즘에는 남자도 집안사람이 되는 일이 많다), 우리 집(혼자 사는 집도 내 집이 아니라 우리 집이다).

"집이 집답지 않으면 집구석이라고 하기도 한다." "집 밖에 나서면 고생길이다." "시골집들이 비어간다." "시골에는 빈집투성이다." "집값이 오르면 인심도 바뀐다."(내려도 마찬가지다.) "집 없는 설움은 겪어보지 않은 사람은 모른다." "같은 말인데도 사람이 하면 집 짓는다 하고, 새들이 하면 둥지 튼다고 한다." "옛날 시골 사람들은 남향집을 선호했는데, 요즘 도시내기들은 향이야 어찌 됐든 크고 비싼 집을 선호한다." "주정뱅이가 살면 집안 꼴이 엉망이 된다." "우리 집에는 금송아지가 있다." "우리 집에는 다이아몬드 망아지가 있지요." "집 밖에 그릇을 내돌리면 깨지기 십상이다."(뭘 말하고 싶은 건데?)

→ 32. 땅

# 짓다

사람은 살아남으려고 열매를 따기도 하고, 나물이나 뿌리나 석탄이나 석유를 캐기도 하고, 그물을 던지기도 하고, 논이나 밭을 갈기도 하고, 나무를 베기도 하고, 이것저것을 빚거나 짜거나 기르거나 만들기도 한다. 그러나 그 무엇보다 앞서는 일은 '짓는' 일이다. 우리는 밥을 짓고, 옷을 짓고, 집을 짓는다. 그리고 농사를 짓는다(이런 의식주 문제를 해결하려고 짓는 일을 두루 일컬어 생산노동이라고 한다).

그리고 한 걸음 더 나아가면 웃음도 짓고 울상도 짓고 (시나 산문 같은) 글을 짓기도 한다. (이 '짓는다'는 말에서 '손짓, 발짓, 몸짓, 어릿광대짓' 같은 '짓'이 떨어져 나왔는지도 모른다.)

집집마다 밥 짓는 연기가 굴뚝에서 피어오르고, 누구 집 아낙네의 옷 짓는 솜씨가 뛰어난지가 입에 오르고, 새로 살림을 낸 이들의 집은 온 마을이 거들어서 함께 짓는 일은 이미 까마득한 옛일이 되고, 그걸 들먹이는 일조차 부질없는 짓이 되었다. 그러나 사람은 짓지 않으면 살 수 없다. (사람뿐만이 아니다. 벌레나 새들도 집을 짓고, 제가 먹을 것을 스스로 농사짓는 개미들 무리도 있다고 한다.) 오죽하면 살려고 죄를 짓기까지 하겠는가? (큰 죄를 짓는 놈들은 나라를 훔치고, 헤지 펀드나 모기지 펀드 같은 야바위놀음으로 돈을 쓸어 모아도 끄떡없고, 배가 고파 감자 한 알을 훔치는 힘없는 놈들은 그때마다 재까닥 쇠고랑을 차는 일이 비일비재한 현실이 한탄스러울 뿐.)

서양인은 동양인들을 일러 그리고 이 땅의 남녘에 사는 이들은 북녘에 사는 이들을 일러 얼굴에 웃음기가 없다고, 얼굴이 굳었다고, 마치 그이들이 더 못 살고 덜 행복하다는 증거(?)로 내세우려는 엉터리 관상쟁이 노릇을 하는 사람도 있다. 그러나 아무한테나 웃음 짓는 것은 웃음을 파는 것이나 진배없다. 벼에게 잘 보이려고 억지웃음을 짓는 농사꾼을 본 적이 있는가?

→ 37. 만들다

# 92

# 철

한 해는 네 철로 이루어져 있다. 봄철, 여름철, 가을철, 겨울철. 철없이 마냥 뛰놀던 아이들은 한 철 한 철 접어들면서 철이 '들고', 한 철 한 철 나면서 철이 '난다'. 그렇게 열여섯 해쯤 지나면 어엿한 젊은이로서 제 몫을 하게 된다(이것은 아이들이 꽃 피고 새 우는 자연에서 자라던 시절 이야기다). 철이 없다, 철이 있다, 철이 들었다(안 들었다), 철이 났다(안 났다), 철모른다(철부지). 모두 자연과 더불어 살던 때 이야기다. 요즈음은 예순 넘은 이들을 빼면 마을에서 태어나고 자라 잔뼈가 굵은 농사꾼들도 제대로 철을 아는 사람이 드물다. 제철 농사를 하는 게 아니라. 도시 소비자들의 '철없는' 입맛에 맞추느라 철을 앞당기기도 하고, 철을 늦추기도 하는 농사를 일삼기 때문이다(겨울에도 딸기나 참외나 수박을 하우스 안에서 길러내기도 하고, 한여름에도 김장 무나 배추를 길러내기도 한다).

도시내기들은 철에 맞는 일을 해본 적도 없고, 제철 음식을 먹어본 적도 없어 철들 틈도 철날 짬도 없다. 그래서 늙어 죽도록 철을 모른다. 철이 없으니, 한겨울에 딸기를 찾고, 한여름에 사과나 귤을 찾을밖에. 이제 거의 온 인류가 철이 없어졌다. 철따라 사는 게 아니라 여름이면 겨울을 찾아 북쪽으로 떠나고, 겨울에는 여름을 찾아 남쪽으로 떠나는 이른바 유한계급도 생겨난다. (겨울이면 마이애미나 아프리카 오지를 찾고, 한여름에는 만년설이 덮여 있는 히말라야 산록이니 킬리만자로 정상 가까운 곳에 별장을 지어놓고 사는 사람도 한둘이 아니다.)

철없는 사람들이 우리에게 먹을 것, 입을 것, 잠자리를 마련해주는 자연을 정복의 대상으로 삼아 뭇산이들의 허파로 알려진 아마존의 숲을 불태우기도 하고, 원자력 발전소에서 나오는 방사능 오염수를 바다에 흘려보내면서도 눈 하나 깜짝하지 않는다. 그리고 비발디의 '네 철'을 '사계'라고 부르면서 교양인이라고 으스대기도 한다. 어쩌면 이 사람들은 머잖아 철을 제철공장에서 생산해내는 쇠붙이라고 여길지도 모른다. 겨울철에는 난방기를 한껏 틀어놓고 러닝 바람으로 지내고, 여름철에는 냉방 시설에서 두꺼운 겨울옷을 입고도 감기에 걸려 콜록거리는 꼴을 보면, 종말론이 왜 날이 갈수록 기승을 부리는지 알 것 같다.

➡ 14. 나이

# 크다

'작다'와 짝을 이루는 말. 크고 작음을 재는 잣대에 새겨진 눈금은 제멋대로여서 어마어마하게 큰 것도 머리카락 크기의 눈금에 새겨질 수 있고, 티끌의 티끌만큼 작은 것도 끝없이 긴 눈금을 차지할 수 있다. 그러나 사고팔거나 가로채는 데에는 기술이 필요하므로, 표준화된 도량형이 생겨나고, 근현대에 들어서는 온 세상이 상품시장이 되면서 무게는 그램(g) 단위로 달고, 길이는 미터(m) 단위로 재는 것이 세계 표준 노릇을 하게 되었다.

키가 크다, 덩치가 크다, 몸집이 크다, 옷이, 밥그릇이, 집이…… 크다, 씀씀이가 크다, 배포가 크다, 큰 사기꾼, 그릇이 크다(비유), 큰손, 큰마음 먹고. 큰형(작은형), 큰오빠(작은오빠), 큰아버지(작은아버지), 큰어머니(작은어머니), 큰집(작은집).

"산이 크면 그늘도 크다." "큰물에서 놀아야지." "크고 작은 건 재 봐야지." "멀대처럼 크기만 하다." "키 큰 사람 치고 싱겁지 않은 사람 없다."(열등감?) "크다고 다 좋은 건 아냐. 작은 고추가 맵다고." "그래, 니 좆 크다." "크면 뭘 해, 힘을 잘 써야지."

# 푸르다

산도 푸르고, 들도 푸르고, 바다도 푸르고, 하늘도 푸르다. "이 사람들 색맹 아니야? 어떻게 'green grass'와 'blue sky'가 같아? 하나는 녹색이고 다른 하나는 청색이지." 이렇게 딴지 걸고 나설 사람들도 있겠다. 그러거나 말거나. 그림씨(형용사) '푸르다'는 '풀'에서 나왔다. 풀은 푸르고 나무도 푸르다. 산에는 나뭇잎이 무성해서 푸르다 치고, 또 들판에는 풀이 가득해서 푸르다 치고, 왜 빛깔이 다른 바다도, 하늘도 푸르다고 해? 우리 맘이야. 그런 것 자잘하게 갈라보지 않기로 했어. 'blue sky'가 됐건, 'blue sea'가 됐건, 그 뒤에는 깜깜한 어둠이 도사리고 있어서 빛이 거기까지 스며들지 못해 겉으로 그렇게 비치는 것뿐인데, 그러니까 빛의 그림자일 뿐이고, 하늘의 제빛, 바다의 제 색을 드러내는 게 아닌데, 왜 그렇게 호들갑을 떨어? 까만 몸에 파란 옷을 걸쳤다고 해서 깜씨가 청씨가 돼? 이렇게 야무지게 되받아치자.

'blue'는 빛깔 그것만으로는 우리네 삶에 큰 보탬이 안 되지만 '풀빛'은 그렇지 않다. (그래서 평화 활동가들도 'Green peace'라고 불러 달라고 하지 'Blue peace'라고 불러 달라고 하지는 않는 거 아냐?) 풀은 그에 기대 사는 뭇산이들에게 목숨 줄이다. 요즘에는 조금 달라졌지만 (그것도 인간에게만), 먹을 것, 입을 것, 잠자리가 모두 풀붙이에서 나온다. 풀이 없었다면 숨도 들이쉬지 못했을 거다. 풀이 내쉬는 산소를 들이쉬어 그것으로 몸 안에 들어온 탄소로 이루어진 먹이를 태워 살 힘을 얻는 게 동물들의 일반적인 삶이기 때문이다. (산소는 쉽게 말해 탄소로 이루어진 유기물을 태우는 불이다. '어, 다시 어려워지네. 제길.')

청춘(푸른 봄), 가슴이 뛰는 말이다. (아니라고? 그런 말 개나 갖다주라고?) 이것도 저것도 다 포기한 '다포세대'를 만들어놓은 늙은이들이 망령이 나서 되는대로 지껄이는 헛소리라고? (찔끔) 그래, 너희들 삶에 탈이 난 건 우리 탓이다. 인정. 그렇다고 곧 죽을 우리 탓만 할래? 여기 푸른 산, 푸른 들이 있어. 푸른 하늘, 푸른 바다도 있어. 그 우중충한 잿빛 도시에서 꾸물대지 말고 이리 와.

# 95

# 품

우리가 어머니를 죽을 때까지 잊지 못하는 것은 그 품 때문이다. 엄마 품에서 곱게 자란 사람은 안다. 그 품이 얼마나 넓고 따뜻했는지를. 그 품 안에서 젖을 빨고, 그 품에 안겨 잠을 이루었다. 그래서 그 품이 바다보다 하늘보다 더 넓다고 해도 아무도 지나친 과장으로 듣지 않는다. 나중에 험한 세상으로 내몰려 날품을 팔거나, 샅에서 방울 소리가 들리도록 발품을 팔아도 살기 팍팍할 때라도, 엄마 품이 머리에 떠오르면 살 힘을 얻는다. (이 나라를 민주화하고 더 나은 곳, 더 살 만한 데로 바꾸는 데에는 스스로 제 몸 사르고 간 전태일 열사의 어머니 이소선 여사를 비롯해 잇단 군사독재 정권에 맞서 한 발자국도 물러서지 않던 '민가협' 어머니들의 품이 있었다.)

많은 젊은이들이 마음 놓고 살 제집, 농사지을 제 땅, 먹고 살 일자리가 없어서 날품팔이로 내몰리고 있다. 있는 놈들의 품새는 날이 갈수록 밴댕이 콧구멍처럼 좁아져 옴치고 뛸 길조차 없다. 가슴은 부글부글 끓고 미운 마음은 하늘 끝까지 치솟아도 잠재울 데가 없다. 명절 때를 틈타서라도 늙으신 노모 얼굴 한

번 보려고 고향에 가고 싶지만 목구멍이 포도청이라 그마저 이룰 수 없는 꿈이라면, '저 해는 언제 떨어지려나. 너도 죽고 나도 죽자'는 마음이 절로 든다.

일품이 아쉬워 싼값으로 들여와서 비닐하우스나 허름한 창고 한구석에 몰아넣어 코로나에 감염되어도 제대로 보살핌을 받지 못하는 외국인 노동자들도 저 멀리 제 나라 제 고향에는 품 너른 어머니들이 있을 것이다. 이 어머니들을 대신해서 이 사람들을 감싸주는 이들도 없지 않다. 그러나 그렇게 품이 넉넉한 사람이 몇이나 될까? 넓히는 것, 모두가 모두를 감싸 안고, 함께 울고 함께 웃을 수 있는 곳으로 이 땅을 바꾸어내는 일, 그래야 되는데, 그래야 하는데, 그럴 수 있을까?

➡ 75. 어머니

# 96

# 하나

'하나(중세어 'ᄒᆞ나')'는 '한' 개(낱), '하루(날짜)', '홀로(중세어 ᄒᆞ올로')', '혼자'(다른 것과 함께 있지 않고), '홑'옷(단벌)과 같이 때에 따라 다른 소리로 제 모습을 드러낸다. '하나'는 뒤에 '님'이 붙어 유일신으로 떠받들리기도 하고, 오직 하나밖에 없는 '있는 것'이 되어 '없는 것(nihil)'에서 온 누리에 가득 찬 죽고 산 모든 것을 빚어내기도 한다(creatio ex nihilo).

우리가 물질이나 생명체라고 부르는 모든 것이 이 '하나'인 '있는 것'이 창조한 것이라는 믿음이 기독교 신앙이다. 이 믿음의 뿌리는 파르메니데스에서 플라톤과 아리스토텔레스를 거치는 그리스인들의 사유 방식(생각의 가닥)에 있다고 하는 '있는 것'이 '하나'로 돌아간다면 '둘'은 '있는 것'에 다른 어떤 것이 더해진 것일 텐데, '있는 것'은 '하나'이므로 이 '다른 것'은 '없는 것(있는 것이 아닌 것)'일 수밖에 없다. 그래서 우리가 우주(cosmos)라고 부르는 '있는 것(하나)'과 '없는 것'이 서로 '다른 것'으로 가려지려면 이 둘을 갈라 세우는 셋째 것이 그 사이에 들어서야 한다. 그것을 우리는 '있는 것도 아니고 없는 것도 아닌 것'이라고 부르는데, 수학에서는 이것을 '∞'('무한'을 나타나는 기호. infinite)로 쓰고, 철학 용어로는 '무규정성(apeiron, indefinite)'이라고 부른다(둘 다 '끝이 없음, 헤아릴 수 없음'을 나타내는 말이다).

'하나'라는 말, 수학기호 '일(1)'에는 이런 뜻이 담겨 있어, '하나'가 다만 수학기호일 뿐이냐 하는 어려운 문제가 따른다. 그것은 마치 '없음', 또는 '텅 빔'을 나타내는 '공' 또는 '영(0)'이 수학기호일 뿐이냐는 의문을 자아내는 것과 마찬가지다. '한울'도 '하나'에 뿌리를 둔 것으로 보면 풀어야 할 수수께끼가 한둘이 아니다. 생각 한번 잘못 먹으면 어디로 튈지 모르는 게 '하나'라는 말이다. 모두가 잘 안다고 허투루 넘기기 쉽지만, 곰곰이 따지면 따질수록 너도 나도 수렁으로 빠져드는 '하나'라는 이 한마디.

→ 86. 있다, 77. 없다

# 97

# 하다

힘 가운데 스스로 움직여 다른 것에 미치는 힘(한다-된다). '하면 된다'는 뜻을 이룬다는 말이고, '해야 한다'는 시키는 말이다. '할 뜻이 없다'는 마음에 안 내킨다는 말이고 '하고말고'는 마음이 내킨다는 말이다. '할 수 있어'는 부추기는 말이고 '할 수 없이'는 마지못해 한다는 말이다. '하고 싶은 대로 해라'는 바라는 대로 하라는 말인데, 허용하는 말 같기도 하지만 그렇지 않을 공산도 있다.

'하다'는 움직임을 나타내는 말이나 상태를 나타내는 말에 붙여서 풀이말을 만들어내는 힘이 뛰어나기 때문에 우리말 가운데 가장 많이 쓰는 말 가운데 하나다. '하다'가 이렇게 많이 쓰이게 된 바탕에는 토박이말로 쓰는 것보다 한자말을 써야 유식해 보인다는 심리가 깔려 있다. 그래서 '넘어선다'고 쓸 자리에 '능가한다', '밥 먹는다'고 쓸 자리에 '식사한다', '만났다'고 쓸 자리에 '조우했다'고 써야 '있어' 보인다. 어처구니없게도 국어사전에는 '낯씻는다'는 아예 방언 취급을 하고 '세수한다'만 표준말로 정해놓았다.

➡ 26. 되다, 43. 못하다, 71. 않다

# 98

# 해

"쨍하고 해 뜰 날 돌아온단다." "해야 솟아라, 해야 솟아라, 말
갛게 씻은 얼굴 고운 해야 솟아라." "해는 저물고 갈 길은 멀고"
"해는 져서 어두운데" "날이 가고 달이 가고 해가 가도" "이 해가
가면 또 한 살 더 먹는구나."

해는 날마다 뜨고 지면서 하루하루를 손꼽게 하고, 돌아가면
서 한 철 한 철을 불러오거나 뒤로 물리고, 한 해 한 해가 지나
는 것을 헤아리는 잣대 노릇을 한다. 모든 것이 해를 중심으로
도는 때가 있었다. 이 나라에서도, 옛 이집트나 그리스에서도,
중국이나 일본에서도 그랬다. (요즘 물리학자들은 해를 타오르는 헬륨 덩
이쯤으로 보면서도, 그 물질이 뭇산이들의 삶에 왜, 어떻게 그런 큰 힘을 미치는지
에는 아랑곳없다.)

풀은 푸르고, 불은 붉고, 물은 맑고 해(히)는 희다(흰빛은 햇빛이
다). 우리 민족을 백의민족이라고 한다. 흰옷을 즐겨 입는 겨레
라는 뜻이겠지. 그러나 그것만은 아닐 게다. '밝(백)'의 민족, 다시
말해 '해'를 우러르는 겨레라는 뜻도 담고 있겠지. '하백'이라는

이름도 이렇게 밝은 해를 우러르는 뜻에서 붙였겠지. 한자를 빌어 기록된 '하백'을 우리말로 옮기면 '해발기'다. 복모음이 없던 때 '해'는 '하'나 '히'로 발음되었고, 이 흔적은 여기저기 남아 있다. '하백'도 그 가운데 하나고, 일본으로도 건너가 '아사히' '히노마루'에도 남아 있다.

해에는 얼마나 많은 비밀이 숨어 있는가. 환인(환한 씨앗), 환웅(환한 수컷)에서 시작하는 단군신화, 해와 달이 된 오누이, 하백과 해모수, 해부루가 나오고 고주몽(동명성왕)이 나오는 고구려 건국 설화는 모두 해를 중심에 두고 짜여 있다.

'마날(단군신화에 나오는 마늘)'은 해가 마(남쪽)에, 다시 말해 중천에 떠 있을 때다. 100일(온 날, 해가 뜰 때부터 질 때까지) 동안 쑥(속, 깜깜한 어두움)과 마늘(마날)을 먹고(겪고, 견디고) '환수(해)'는 고마(곰, 하늘)와 범(밤)이 와서 짝을 이루겠다고 할 때, 내가 어둠에 묻혀 있을 때나 밝을 때나 나를 버리지 않겠느냐 다짐을 한다. 곰은 견뎌내 짝이 되나 범은 해가 뜨자마자 사라진다. 이것은 조상 설화가 아니라 해를 가운데 둔 천지창조 신화다.

# 99

# 흉내

꽹맥꽹맥, 두둥둥둥 두둥둥둥, 쿵작쿵작, 징징징징 꽹매기가 앞서고 북, 장구가 뒤따르고 징소리가 울린다. 가슴이 벌렁벌렁, 다리가 들먹들먹, 어깨춤이 절로 난다. 도리도리, 죄암죄암 같은 고갯짓, 손짓과 함께 돌 앞뒤 젖먹이들이 맨 처음 익히는 말은 소리흉내말(의성어)이다. 눈이 이것저것의 움직임을, 하는 짓을 보고 가린다면, 귀는 귀청을 두드리는 소리를 듣고, 그 소리를 내는 것이 무엇인지를 가려낸다. 말을 익히는 데는 소리가 먼저다. 말은 소리로 이루어져 있기 때문이다.

아이들은 소리를 흉내 내면서 말을 배운다. 이 땅에는 서로 다른 뭇산이들이 촘촘히 빼곡하게 들어서 있어서(아마 단위면적당 서로 다른 생명체들이 가장 많이 살고 있는 땅이 한반도일 게다) 그이들이 내는 소리는 그야말로 천차만별이다. 이 소리들을 귀담아들으면서 아이들은 그 소리를 내는 것들을 눈으로 좇는다. 주르륵주르륵 처마에서 빗물이 줄을 짓고, 마당에는 멍멍, 야옹야옹, 삐악삐악, 꿀꿀, 음메음메 소리가 가득하고, 앞산에서는 꾀꼴꾀꼴, 뾰

로롱뽀로롱, 소쩍소쩍······ 새들이 울고, 어디선가 풀섶이나 나무 그늘 아래서 맴맴, 쓰르람쓰르람, 여름이나 가을을 알리는 소리가 들린다. 나중에 그 소리들은 이름이 된다. 소리흉내말도 적어 내려가면 두툼한 책에 한가득할 것이다.

나는 이런 말을 지닌 할매들 밑에서 태어났다는 게 고맙고 자랑스럽다. 다른 어느 민족도 누릴 수 없는 말잔치 속에 끼어들어 살고 있기 때문이다. 그런데 아끼고, 가꾸고, 늘려야 할 이 소리흉내말이 그 소리를 들려주던 그 많은 이웃들과 함께 하나둘 자취를 감추고 있다. 저절로 그러는 것이 아니라 사람 탈을 쓴 인간 말종들 때문에 그렇게 되는 것이고, 그 말종 가운데는 이 늙은이도 끼어 있다는 것이 부끄럽고 또 부끄럽다.

➡ 64. 시늉

# 100

# 흙

"흙 한 줌(500그램쯤)에 70억 인구에 맞먹는 미생물이 살고 있다." 이 말 충격적이지 않아? 나는 '쇼크 먹었어.' 내가 아는 건 먹이사슬뿐이었거든. 이 먹고 먹히는 세상에서 어떻게 그런 일이 있을 수 있어? 만일에 이것이 사실이라면 우리는 생명의 역사를 다시 쓰는 수밖에 없어. 먹이사슬만 보는 눈 말고 다른 눈도 가져야 하는 거야. 더불어 사는 것들을 보는 눈. 더불어 삶을 보는 눈. 우리는 흙 속에 사는 작은 산이들을 일러 토양미생물이라고 부르지. 박테리아나 바이러스 같은 것들. 이들의 삶은 먹고, 마시고, 숨 쉬는 것들과는 달라. 그런데도 알려진 게 거의 없어. 어떤 미생물은 평균수명이 200만 년이 넘는다는 설도 있어. 그러니 고작해야 다 보태도 20만 년도 안 되는 현생인류가 어떻게 이 미생물들의 역사를 가늠할 수 있겠어? 그야말로 '가렵다고 남의 다리 긁거나 자다가 봉창 뜯는' 격이지.

어렴풋이 밝혀지는 것도 없지는 않아. 이 작은 산이들이 겹겹이 쌓인 얼음 속에서도 살아남고, 펄펄 끓는 물에서도 살 수 있다는 것. 삶에 필요한 몇 가지 안 되는 정보를 저만의 기억으로 독점하지 않고 둘레의 작은 산이들과 주고받는다는 것, 늘 한결같은 제 모습을 그대로 지니려고 하지 않고, 어떤 작은 산이들이 함께 살자고 끼어들면 곧바로 멋있다 여겨 눈 깜작할 사이보다 더 빠르게 제 모습을 그 모습으로 바꾸기도 한다는 것(흔히 변이 바이러스로 불리는 것들은 바로 이런 현상을 두고 이름이다). 먹을 입도, 쌀 똥구멍도 없고, 숨 쉬지 않아도 살 수 있다는 것. 흙 속뿐만 아니라, 물과 바람, 그리고 온갖 제법 큰 뭇산이들 몸속에도 이들이 떼 지어 살고 있다는 것……. 이들의 삶에 대한 내 앎은 고작 여기까지인데, 코로나19 바이러스와 그 변이 바이러스 연구에 밤을 지새우는 이들이 알고 있는 정보는 훨씬 더 많을 것 같다.

이야기가 흙에서 많이 벗어났으나 《멋대로 사전》에 쓰는 글이니까 멋대로 알아들으면 되겠지. '흐리다'는 말이 흙에서 나왔으리라는 걸 알 사람이 있으려나? (전라도에서는 흙에 뒤범벅이 된 물을 '흐리'라고 부른다.)

➡ 45. 물, 47. 바람, 52. 불

# 《우리말 백 마디 멋대로 사전》, 삶에서 길어 올린 우리말

## 우리말에 관심을 두게 된 계기

**한재경** | 《멋대로 사전》을 읽으면서 윤구병 선생님께서 우리말에 대해 오랫동안 연구해오셨을 거라는 생각이 들었어요. 윤 선생님은 어쩌다가 우리말에 관심을 두게 되셨어요?

**윤구병** | 고등학교 다닐 때 고문, 그러니까 옛 우리말 과목으로 대학입시 준비를 했어요. 그 무렵 대학입시에서는 독일어나 불어 같은 외국어 시험을 봐야 하는데 내가 다니던 시골 학교에는 독일어나 불어를 가르쳐줄 선생님이 없었거든. 그런데 마침 국어 고문도 시험 과목에 들어 있길래, 고문을 공부해서 대학입시에 합격했는데, 그 영향이 있었겠지요. 그때 우리 옛말을 배우느라 《두시언해》나 고려 가요라든지 여러 가지 옛글을 보는 동안에 우리말의 뿌리가 어디에 닿아 있는지 관심이 끌리게 되었을 거예요.

**이성인** | 윤 선생님이 대학생 때 한글학회에서 펴낸 《우리말 큰사전》에서 토박이말만 추려서 옮겨 적은 공책을 본 적이 있어요. 우리말에 관한 관심은 윤 선생님이 《뿌리 깊은 나무》 편집장을 하면서도 그대로 이어지셨지요. 《뿌리 깊은 나무》는 한글전용, 심지어

는 알파벳뿐만 아니라 아라비아숫자까지도 한글로 적을 만큼 철저한 한글전용 잡지였지요.

**윤구병** | 그건 내 생각이라기보다는 《뿌리 깊은 나무》 발행인 한창기 선생님의 생각이었어요. 한 선생님은 우리말의 구조가 서양말이나 일본말과는 다른 측면이 있다는 점에도 관심을 두었어요.

**이영근** | 한창기 선생님 책을 보니 한 선생님은 말뿌리 찾기에도 관심이 있으시던데, 윤 선생님도 그 영향을 받으셨는지요.

**윤구병** | 한 선생님한테 여러 가지 영향을 받기는 했겠지만, 우리말 뿌리 찾기에 관심을 가진 것은 나였어요. 어원에 대한 관심은 오히려 내가 영향을 미친 거라고 보는 것이 맞아요.

**이성인** | 저는 초등학생을 가르치면서 초등학생을 위한 국어사전이 필요하다는 생각을 하곤 했는데, 윤 선생님께서 초등학생을 위한 《보리 국어사전》을 만드셨지요. 아마 칠팔 년 걸렸을 거예요. 윤 선생님은 우리말 사랑을 담은 《내 생애 첫 우리말》도 펴냈고 《꿈꾸는 형이상학》에서는 어려운 한자말 철학 용어를 우리말로 바꾸기도 하셨어요. 어쩌면 윤 선생님의 우리말 사랑과 관심을 알차게 모아 놓은 게 이 《멋대로 사전》이라는 생각이 들어요.


## 《멋대로 사전》의 뜻풀이

**박종호** | 《멋대로 사전》 뜻풀이에는 윤구병 선생님이 아니면 겪을 수 없는 이야기가 담겨 있어요. 어쩌면 팔십 평생 살아오면서 가슴 절절한 이야기가, 온 마음, 온몸 마디마디에 박혀 있는 말들이 낱말

풀이할 때마다 곳곳에서 튀어나오고 있다는 느낌이 들어요. 저는 이게 이 사전이 크게 두드러지는 소중한 점이라고 생각해요.

대개 우리가 알고 있는 사전은 시간과 공간의 차이를 다 뛰어넘는 어떤 고정된 것을 전제로 하고 만들어 왔어요. 사전 만드는 사람들은 백 년 뒤에 태어날 후손들도 읽을 거라는 기대를 하고 만드는데, 뜻풀이를 할 때 백 년 뒤에도 지금과 똑같이 그 뜻이 받아들여질 거라 기대하고 만들어요. 그러려면 뜻풀이를 모나지 않게, 그럴듯하게 하는데, 그걸 지시적 의미라고 하거든요. 윤 선생님은 이런 사전을 살짝 비웃으면서, 진짜 사전이란 같은 시대를 사는 사람들과 앞서 살아온 사람들의 삶에서 길어 올린 말로 채워져야 하는 거 아닌가, 그렇다면 이 사전을 읽는 너희들도 너희들만의 사전을 만들어가야 하는 거 아닌가, 그래야 너희가 쓰고 있는 한글이 "널리 백성들을 이롭게 하고 쓰는 데 편하게 하고자 할 따름"이라고 하신 세종 임금의 말씀에 맞는 거 아닌가, 이런 말씀을 하고 싶으셨던 게 아닌가 하는 생각이 들었어요.

말은 그 말을 쓰는 사람이 살고 있는 시간과 공간 안에서 태어난다, 또한 사전이란 그 말을 쓰는 사람이 자기가 살면서 경험한 그 시간과 공간 안에서 길어 올린 것을 담고 있다고 볼 때, '윤구병 선생님이 당신이 살아온 삶에서 《멋대로 사전》의 말들을 길어 올렸구나' 하고 생각했어요. 그러면 우리는 어떤 말을 길어 올릴 수 있을까 생각했어요. 제가 고등학교에서 국어를 가르치면서 꼭 해보고 싶은 꿈이 '오지선다형' 문제에서 답 하나 골라 찍기 식으로 아이들을 평가하지 않고 아이들이 배우고 익히는 과정을 그대로 평가에 담자는 것인데, 그중 하나가 윤구병 선생님이 해 보인 것처럼 우리 아이들과 함께 '내 멋대로 자기 말 사전'을 만들어보는 거예요.

**문지우** | 누구나 자기만의 《멋대로 사전》을 만들 수 있겠다는 생각이 들었어요. 아이들에게 자기가 가장 많이 쓰는 말이나 자기가 가장 좋아하는 말을 열 개 정도 모으라고 한 다음에 이렇게 뜻이나 쓰임새를 써보라고 해도 재밌을 것 같다는 생각이 들었어요. 나도 하고 애들도 하고.

**임영님** | 근데 초등학생들은 좀 힘들어하지 않을까요. 고학년 아이들은 괜찮을 것 같은데 저학년 아이들은 좀 어려울 수 있어요. 고학년 정도는 의미 있는 낱말 하나로 자기 이야기가 쭉 연결되어서 나오겠구나 싶어요.

**김정순** | 저는 말풀이를 읽으면서 윤구병 선생님이 홍길동처럼 분신술을 하는 것 같다고 느꼈어요. 한 사람 머릿속에서 이렇게 낱말 이야기가 술술 나오는 게 신기했어요. 둘레에 있는 어른들이나 아이들과 낱말 하나로 이야기를 나누거나, 이 낱말이 어디에서 나왔을까 상상해보라고 하면 재밌겠다 싶었어요.

**문지우** | 제가 오늘 교실에서 '길' 부분을 보고 있었는데 우리 반 애들이 오더니 뭐 하나고 묻더라고요. 우리 반 학급문고에 있는 《심심해서 그랬어》 그림책을 쓰신 선생님이 만든 사전이라고 알려주면서 너희는 '길'이라는 낱말이 어디서 나왔을 것 같냐고 물었더니 한 아이가 '기름'에서 나왔을 것 같다고 말하더라고요. 왜 그렇게 생각했는지 물으니까 누가 길을 가면서 기름을 흘렸는데 흘린 기름이 땅에 스며들면서 색깔이 변했을 거래요. 색이 변한 흙 위를 다른

사람들이 따라 걸어오면서 그 부분이 '기름 흘린 땅', '기름 땅', '길'이 됐을 거라고 상상하더라고요. 한 아이가 상상의 나래를 펼치니까 다른 아이들도 덧붙이고, 새로운 상상의 나래를 펼치고. 낱말 하나로 여러 이야기가 나왔어요.

**임영님** | 저는 '길'을 읽으면서 다르게 쓰고 싶다는 생각이 들어 끄적거려봤어요. 길에는 여러 길이 있잖아요. 차가 지나가면 찻길, 들에 나면 들길, 논두렁에 나면 논길, 밭길, 둑방 길…… 이렇게. 또 사람뿐 아니라 무엇이든 가르고 지나가면 생기는데 물이 지나가면 물길, 비행기가 지나가면 하늘길이 돼요. 길에 대한 낱말을 생각해봤더니 큰길, 오솔길, 쪽 길, 이렇게 나오다가 꽃길, 지름길, 갓길, 눈길, 빗길, 바람길, 여러 가지 길들이 쭉 생각나는 거예요.

**김정순** | 저는 《멋대로 사전》에서 '나이'라는 낱말이 제 맘에 들어왔어요. 한 살 두 살 나이가 들면서 '내가 있는 자리에서 나잇값을 어떻게 해야 하나?' 하는 고민이 많아져요. 일을 같이하는 사람들과 이야기하다 보면 나이 먹은 것이 무슨 큰 벼슬인 것처럼 사람들 앞에서 가르치려 하고 남의 잘못을 하나하나 짚어서 고치려 하는 것을 볼 때마다 꼭 제가 그러는 것 같아 조심스럽기도 해요. 나이를 먹으면 더 자신 있을 줄 알았는데 오히려 두려움이 생겨요. "나이 먹은 만큼 나잇값 하라"는 말을 더 겸손하게 살라는 충고로 삼고 살아야 할 것 같아요. 나보다 둘레를 더 챙기고 나누며, 욕심도 내려놓고 헛된 바람도 내려놓고, 있는 그대로 자연 그대로 내 모습을 사랑하라는 말로 새기고 싶어요.

**이성인** | 권정생 선생님이 언젠가 좋은 글은 읽는 사람의 마음을 불편하게 하는 것이라고 말씀하신 적이 있어요. 어떤 분은 《멋대로 사전》을 읽으면 마음이 불편해지면서 '이거 아닌데. 나 같으면 이렇게 풀이하지 않을 텐데' 이런 생각이 들기도 할 텐데, 오히려 그게 좋은 조짐이라고 생각해요. '맞아, 이 말 맞아' 하면서 무조건 받아들이기보다는 '어, 나는 다른 생각인데' 하고 생각하는 사람은 자기 사전을 만들 수 있어요.

**이영근** | 사람들에게 "당신만의 사전을 만들어보세요" 하면 다가가기 힘들 거 같아요. 사전을 만들라고 하면 낱말 수도 많아야 하고 거기에 담을 뜻풀이도 여러 개 찾아야 할 것 같고 무언가 제대로 사전 꼴을 갖춰야 할 것 같은 느낌이 들거든요. "당신만의 말을 만들어보세요. 당신만의 생각을 만들어보세요" 하면 그건 할 수 있겠다고 생각해요.

**박종호** | 내 사전을 만든다는 건 내가 내 삶을 살기 위해서 몸부림치면서 거기서 길어 올린 말을 모아서 다른 사람에게 '나는 이렇게 생각한다'고 말하는 게 아닌가 싶어요. '나만의 멋대로 사전'을 만든다면 첫 낱말은 뭘까요?

**이영근** | 저는 '신발'과 '비'로 하겠어요. 초등학교 때 처음으로 운동화를 받았는데 아까워서 그걸 학교에 못 신고 갔어요. 집에서는 신고 나섰지만 조금 가다가 벗어 들고 맨발로 가거나 다른 신발로 갈아 신고 운동화는 가방에 넣고 갔어요. 또 하나 떠오르는 건 '비'예요. 3학년 도덕 시간이었는데, 선생님이 세상을 바꾼 위인들은 비

를 맞으면서도 뛰지 않는다고 하셨어요. 그 말을 듣고 학교에서 집까지 2킬로미터가 넘는 길을 비를 맞으면서 걸어왔어요. 다른 애들은 다 뛰어가는데 나는 혼자 걸어가는 거예요. 집에 와보니 가방 안에 있는 책들이 다 젖었더군요.

**문지우** | 제가 요즘 가장 많이 쓰고 좋아하는 낱말은 '둘레'예요. '둘레 친구들', "내 둘레를 살펴요" 아이들에게도 이런 말을 자주 써요. '둘레'라는 말이 왜 좋은지 생각해봤는데 우선 입에서 소리 내보면 낱말이 예뻐요. '둘레' 속에 'ㄹ'이 연달아 나오니까 부드러운 느낌이에요. 발음할 때 소리도 좋지만 나이 먹으면서 둘레가 중요하다는 걸 점점 느끼게 돼요. 어렸을 땐 내가 맡은 일만 잘하고, 나 혼자 잘 살면 된다고 생각했거든요. 그런데 살아오면서 큰일을 한두 번 겪고 보니까 식구나 친구처럼 둘레에 있는 사람들이 가장 큰 힘이고 재산이란 생각이 들었어요. 이런 이들이 나를 지켜주는 지지대라는 걸 깨달았어요. 예전에는 나를 중심으로 살았다면, 요즘은 둘레를 중심으로 살고 있어요. 내 인생 낱말을 고르라면 '둘레'를 고르겠어요.

**임영님** | 초등학교 2학년 때 선생님이 급식으로 빵을 줬는데 그게 약간 막걸리 냄새 나는 술빵이었어요. 그 냄새가 되게 달콤하게 났어요. 그 선생님은 구구단을 다 외우고 공부 잘하는 사람한테 빵을 주셨어요. 그래서 나는 구구단을 열심히 외우고 선생님이 하라는 대로 하고 얌전히 있었더니 선생님이 빵을 주셨어요. 나는 빵을 조심스럽게 가방에 넣었어요. 비가 오는 날이었는데, 비료 포대에 얼굴만 내놓고 쓰는 우비가 있어요. 한 손은 비료 포대를 잡고 한 손

으로는 가방을 들고 신작로를 걸어 집으로 오는데, 빵 냄새가 퍼지면서 와, 침이 꼴깍 넘어가요. 비는 세차게 내리고 혼자 걷다가 침이 고여서 비 오는 사이에 빵을 떼서 입에 넣었어요. 사실은 이걸 동생하고 같이 먹으려고 가방에 넣었는데 한 입을 떼서 먹은 거죠. 그 뒤로 그렇게 맛있는 빵을 먹어본 적이 없어요.

그리고 '비'라는 낱말을 생각하면 떠오르는 일이 참 많아요. 예전에 시골에서는 비가 오면 일을 못 하고 집에서 쉬잖아요. 그런 날엔 토방에 앉아서 비 내리는 걸 하염없이 바라보죠. 하루 종일 바라보고 있은 적도 있어요. 엄마는 콩도 볶아주시고, 아버지는 저쪽 작은 방에서 드러누워 계시고, 나는 이렇게 앉아서 마당에 떨어지는 비를 정말 하염없이 바라보던 생각이 참 많이 나요.

**김정순** | 저는 '아빠'라는 말이에요. 사실 저는 아직도 아버지라 하지 않고 아빠라 불러요. 아빠에 대한 기억이 특별하진 않아요. 그냥 저에게 잘해주셨던 것 같아요. 어릴 때 자전거 뒤에 저를 태우고 강에 자주 갔어요. 닭장에 넣을 풀을 같이 뜯던 기억도 나요. 일요일마다 아빠가 음식을 해주셨는데, 밀가루를 반죽해 칼국수를 밀어주시던 일도 생각나요. 또 1992년 대학에 합격하고 학교 가까이에 살 집을 구하러 아빠랑 같이 다녔어요. 부엌문도 없고 방문 앞 아주 좁은 툇마루에 세간살이를 둬야 하는 허름한 문간방을 얻었어요. 아빠가 그 방에 들어가실 때 머리가 닿을락 말락 했는데, 아빠가 갑자기 우셨어요. 딸한테 이것밖에 못해준다고요. 아빠가 우시는 걸 할아버지 돌아가실 때 보고 그때 처음 봤어요. 지금도 그때 아빠 모습이 아련해요. 이젠 아빠라 하지 않고 아버지라고 해야 할 텐데. 나

이 오십에 아빠라 부르니 좀 부끄럽네요.

## 《멋대로 사전》속 철학 이야기: 돌다

**한재경** | 이 책을 읽으면서 낱말 풀이 안에 있는 내용을 갈래지어 봤어요. 먼저 윤구병 선생님 철학 가운데 '있음과 없음(존재론)', '아름사랑(철학)', '힘이나 과학에 대한 관심'을 찾아볼 수 있어요. 그다음에 '우리말 뿌리 찾기', 세 번째로 '윤 선생님의 삶 이야기'가 있어요. 그러니까 철학, 우리말, 삶, 세 가지로 갈래지어 봤어요. 그런 다음 낱말마다 표시해보았더니 어떤 낱말 풀이에는 이 세 가지가 다 들어가 있는 것도 있고 어떤 건 한두 가지 들어가 있는 것도 있는데, 윤구병 선생님 철학을 전혀 모르는 사람이 이 책을 읽으면 좀 어렵게 느낄 것 같아요. 삶에 대한 이야기는 쉬운데, 철학과 관련된 내용은 처음 보는 사람은 이해하기 어려울 수 있겠다는 생각이 들었어요. 그래서 철학 이야기를 좀 듣고 싶어요.

**최관의** | '돌다'라는 낱말 풀이는 노랫말 '돌고 도는 물레방아 인생'으로 시작하는데, 사실은 '돌고 도는'이라는 말이 그냥 해본 말이 아니라는 게 뒤로 갈수록 또렷해져요. 그렇게 시작한 다음 돌게하는, 돌아가게 하는 '힘'이라는 낱말 풀이를 하면서 우주, 윤회, 영원회귀를 툭 건드리고는 제비와 기러기가 돌아가고 돌아온다는 이야기를 해요. 바로 이 부분, 그러니까 '돌다'라는 낱말을 읽으면서 윤 선생님이 왜 《우주와의 인터뷰》를 읽어보라고 되풀이해서 이야기하셨는지 알겠더라고요.

**한재경** | '가만히 있는 돌도 그 안에서 돌고 있다!' 윤구병 선생님 우주 이야기와 '돌다' 이야기를 듣고는 만물을 보면서 그런 생각을 하게 되는 거예요. 학교 앞에 꽃을 피우지 못하고 떨어진 목련꽃이 있었는데 아이들이 살려보겠다고 머리를 모아서 두 주 동안 물을 주었어요. 그 사이에 다른 목련꽃은 다 피고 졌어요. 그런데 얘는 꽃봉오리만 살짝 벌어지다 말고 새까맣게 죽은 거예요. 얘를 묻어줄 때 이런 생각이 들더라고요. '결국 다 돌아간다. 다시 어머니 나무로 돌아갈 수도 있고, 다시 꽃으로 필 수도 있고, 우리 몸으로 들어올 수도 있겠다. 그리고 우리도 나중에 이렇게 땅속으로 들어가서 꽃으로 필 수도 있겠지.' 이런 얘기를 아이들과 나누는데 돌고 돈다고 생각하니까 있는 것이 하나로 이어지는 게 있어요.

**윤구병** | 크게 보면 돈다는 것은 여러 가지가 있어요. 해를 중심에 두고 땅별(지구)이 도는 것처럼 맴도는 것이 있고, 중력이 서로 작용하면서 감도는 것이 있고, 또 휘도는 것, 돌면서 점점 나선형으로 퍼져나가는 것이 있어요. 우주라는 것이 처음에는 아주 힘으로만 뭉쳐 있는 열점이었다고 할 수 있지요. 열이 아주 높은 상태에 있다가 어느 순간 평 터져서, '큰펑(빅뱅)'이 일어나서 이 우주가 점점 풍선처럼 부풀어 오르고 있다고 하잖아요. 이것을 조르주 르메트르(Georges Lemaître)라는 사람이 맨 처음 주장했는데, 수학자들이 그걸 뒷받침하는 법칙을 만들었고 물리학자들은 적색편이 현상으로 우주가 확산한다는 이야기를 했거든요. 휘돌아서 점점 커지는 우주를 생각하는 거지요. 하지만 휘도는 것이 어느 정도 한계에 이르면 다시 감돌면서 점점 작아져요.

우주에 있는 여러 가지 톨(입자), 이런저런 톨들은 맴돌거나 감돌거나 휘돌거나 이 세 가지 돌이를 일으키면서 어떤 면에서는 소용돌이라고 볼 수 있는 돌이를 일으키는데, 바람은 꼭 대기권에서만 일어나는 건 아니고 우주에서도 여러 결의 바람들이 불고 있다고 생각할 수 있어요. 그것을 사람들은 중력파라고 부르기도 하고 어떤 사람은 우주풍, 태양풍이라든지 여러 가지 다른 이름으로 부르기도 하는데 우리는 한뉘바람이라고 하거든요.

이렇게 해서 결(파동)이, 크고 작은 결들이 어떤 것은 상쇄되기도 하고 어떤 것들은 증폭되기도 하고 결과 결이 더 큰 구비와 고비를 이루기도 하고 어떤 것들은 더 잔잔하게 되기도 하면서 이 한뉘(우주)를 가득 채우고 있다고 생각하는데, 결이 잦아드는 것, 평평하게 되는 것은 온도가 점점 낮아질수록 결이 평평하게 된다고 하고 절대온도 0K(섭씨 영하 273.15도)가 되면 우주가 완전히 정지한다고 해요.

그런데 이 우주 안에 있는 것 가운데 정지된 것은 없어요. 사실은 다 움직여요. 우주라고 하는 울타리 안에 있는 것들은 전부 움직인다고 봐야 해요. 우주에는 변수만 있지, 상수는 없다는 이야기예요. 상수는 하나 아니면 영이라고 했지요? 두 끝, 하나와 영 사이에 있는 것들은 모두 움직인다고, 크고 작은 결로 보이면서 움직인다고 보는데, 움직이면서 점점 더 채워가는, 가득 찬 것으로 가는 방향으로 가는 것은 하나로 가는 것이고, 점점 더 비워져 일체개공(一切皆空), 불교에서 말하는 공 쪽으로 가는 것은 실제로 영으로 가는 것이라고 했잖아요. 데카르트 좌표에서 중심점은 영으로 놓고 그것이

퍼져나가는 한계점은 일인데, 그 한계 안에서 맴돌고 감돌고 휘도는 움직임이 일어난다고 생각해요.

**최관의** | 돌멩이 하나도 우주라는 말이네요. 말풀이 흐름을 보면 물레방아에서 힘의 원리, 우주를 만들고 변화시키는 힘 이야기로 갑니다. 그런 다음 제비와 기러기가 오고 가는 이야기에서 생명이 살아가는 걸 말하고 마지막으로 돌로 와서 돌과 우주가 다르지 않다고 하면서 마지막에 슬쩍 돈 이야기를 끼워 넣는다는 느낌이 들었어요. 돈에 너무 얽매이지 말라는 말 한마디 없는데 그 말을 하고 있다고 저는 느꼈어요.

**한재경** | 윤구병 선생님이 《우주와의 인터뷰》라는 책을 읽고 공부하자고 하셨는데 《있음과 없음》에서 선생님이 말씀하셨던 내용이 그 책 내용과 이어지는 거예요. 가장 작은 것과 가장 큰 것, 이 두 가지가 이어져요. 앞 이야기와 좀 다르지만, 선생님께 '있는 것은 하나다'라는 말씀을 여러 번 들었어요. 철학자들이 관심을 두는 있음과 없음, 가장 큰 것과 가장 작은 것, 그건 이해돼요. 가장 큰 것과 가장 작은 것을 이으려고 하는 것은 어느 정도 이해가 되는데 '있는 것은 하나다'는 이해가 안 되는 거예요. 그래서 그 말의 뜻이 뭐냐고 여쭤봤더니 《철학을 다시 쓴다》라는 책을 보라고 말씀하셨어요. 그 책을 읽으면서 굉장히 부끄러웠어요. 그것만 가지고도 여러 시간 설명하신 것인데, 제가 갑자기 마치 쉽게 오 분이면 알아들을 수 있을 것처럼 물은 거였어요.

또 윤 선생님이 '죽음' 뜻풀이에서 "그냥 돌아가는 거다"라고 쓴 걸 읽으면서 깨달은 게 있어요. 제 관심이 온통 사람 사이의 문제에만, 사람 사는 세상, 딱 거기까지에만 머물러 있었어요. 그런데 선생님은 생명이 나오기 이전부터 생명이 끝난 뒤까지 모든 것에 관심을 가지셨어요. 지금까지 저는 아주 좁은 부분에만 관심이 있었지만, 윤 선생님 덕분에 가장 작은 물질에서부터 생명의 세계, 나아가 가장 큰 우주에 이르기까지 생각해볼 수 있게 되었어요.

**윤구병** | 있음은 가득 찬 것, 충만으로 표현할 수 있어요. 빈 것이 하나도 없어요. 그것은 하느님이라고도 하고 하나님이라고도 하고 유일신(唯一神), 오직 하나인 분이라고도 하는데, 나는 '있음'과 '하나'는 같다고 생각해서 '있을 유(有) 자' 유일신(有一神)이라고 쓰기도 해요. 불교에서는 '천상천하 유아독존(天上天下 唯我獨尊)'이라고 할 때 '높을 존(尊) 자'를 쓰는데, 나는 '있을 존(存) 자'로 바꿔 써요. 우리가 인격화해서 말하자면 하나님, 유일신은 가득 찬 분이고 충만한 분이고 빠진 것이 하나도 없는 분, '있음 바로 그것'이지요, 하나님은.

그런데 그 하나님이 무엇으로부터 이 우주 삼라만상을 만드느냐 하면, 가장 작은 것에서부터 가장 큰 것까지 만들어내느냐 하면, '무에서부터 창조한다(creatio ex nihilo)'고 하거든요. 말하자면 피조물, 티끌의 티끌 가운데 가장 작은 것에서부터, 우리가 유니버스(universe), 우주라고 부르는 한뉘까지 전부 사실은 하느님이 무로부터 창조한 것으로 볼 수 있거든요. 그렇게 보면 사실 어떤 면에서 우주를 가득 채우는 것, 지구상의 삶이라고 하는 것은 다 헛되고 또 헛되다고 말할 수가 있어요. 없는 거니까요. 그리고 그 빠짐의, 결핍의 끝장은 공이거든요.

이런 점에서 우리가 하나를 일이라고 보고 공을 영이라고 보면 그 사이에 있는 것들은 제삼의 것, 일도 아니고 영도 아닌, 그러니까 어느 정도는 거기에 빠진 것도 있고 어느 정도는 든 것도 있는, 이렇게 가장 작은 톨인 마디지어 있는 결에서부터 가장 큰 톨인 이 우주 안에서 움직이는 것까지, 그러니까 어떤 때는 결핍에서 충만으로 가기도 하고, 어떤 때는 충만에서 결핍으로 가기도 하는 힘의 흐름이 이어진다, 이렇게 봐야 해요.

여기서 어느 한 끝을 잡고 있느냐는 믿음의 영역이에요. 공을 중심에 놓느냐, 그렇지 않으면 하나를 중심에 놓느냐는 것은 양 끝에 있는 것이고 우리의 생각 울타리를 넘어서는 것이기 때문에 어느 것을 더 중심에 놓느냐는 것은 믿음의 영역이라고 할 수밖에 없어요. 데카르트 좌표에서는 영을 중심에 놓고 실수, 허수, 자연수, 소수, 모든 것을 하나에서 영 사이에 배치하잖아요. 그렇게 보면 중심이 어디에 있느냐, 하나를 중심에 놓느냐, 다시 말해 있음을 중심으로 놓느냐, 아니면 영을 중심에, 바꿔 말해 없음을 중심으로 놓느냐에 따라서 그 사람의 세계관과 인생관이 달라질 수 있어요.

사람은 사는 게 하도 힘드니까, 사람은 식물처럼 혼자 붙박여서 모든 것을 해결할 수도 없고, 동물처럼 여기저기 돌아다니면서 삶의 문제를 해결할 수도 없으니까 생각까지 하게 될 수밖에 없어요. 어찌 보면 사람이 모든 생명체 가운데에서 가장 살기 힘든 생물이라고 볼 수도 있어요. 사는 게 그렇게 어려워요.

**최관의** | 저는 이 책을 읽으며, 선생님 이야기를 들으며 《우리 순이 어디 가니》, 《심심해서 그랬어》, 《바빠요 바빠》, 《우리끼리 가자》

이런 윤 선생님 동화가 또 다른 결로 다가오는 거예요. 이것이 그냥 우리 아이들, 사람이 낳은 자식, 아이들 이야기만이 아니고 우주에 있는 모든 생명에 관한 이야기라는 생각이 들었어요. 《멋대로 사전》에서 '집' 낱말 풀이를 보면 '깃들어 사는 곳'이라고 돼 있어요. 임자말 없이 그냥 깃들어 사는 곳이라고 되어 있는데, 여기에는 사람이든 동물이든 뭐든지 여하튼 모든 것들이 머물러 있으면 거기가 집이라는 생각이 깔려 있어요. 이런 세계관이 이 안에 담겨 있다는 게 느껴져요.

## 《멋대로 사전》 속 철학 이야기: 앞가림하다

**최관의** | '아이'라는 낱말을 보면서 '이거 참 재미있다. 그야말로 교육철학이다' 하는 생각이 들더라고요. "누군가 한껏 몸을 배배 꼬면서 '아이' 하더라도 아이들은 그 말의 뜻을 알 수 없다" 하고는 그 까닭은 아이가 뒤에 태어났기 때문에 이 말뜻을 알아듣지 못한다는 거예요. 눈앞에서 일이 벌어져도, 뭔가 보여도, 심지어 보여줘도 내 안에서 받아들일 준비가 되지 않으면, 갖춰져 있지 않으면, 내 안에 힘이 올라오지 않으면 알아듣지 못해요. 보여주고 턱 밑에 갖다 대주어도 못 알아듣는다는 말이거든요. 코앞에 가져다줘도 그것이 눈에 들어오지 않는다는 거예요. '철' 말풀이에도 같은 흐름의 이야기가 나와요. "봄철 여름철 가을철을 나지 않고는 철들 수 없고 철날 수도 없다"는 내용이 있는데 이것도 같은 뜻이에요. 겪지 않고는 모른다. 손발 놀려 하는 공부가 중요하다는 말씀이에요. 부모들은 아

이들이 네 계절 가운데 힘든 일은 겪지 않게 하려고 해요. 힘든 것은 걷어내거나 막거나 대신 겪거나, 정 피할 수 없다면 겪는 방법을 슬그머니 부모가 아이의 뜻과 상관없이 바꿔요. 그래서 철을, 세상 사는 이치를 모르게 하고 자기 스스로 삶의 주인이 되는 기회를 앗아가요. 스스로 이것저것 가려 가며 살아갈 힘을 기를 기회가 모자라요. 저는 '아이'라는 낱말을 보면서 무릎을 쳤어요. 이것을 조금 더 깊이 풀어내 부모와 교사가 교육철학으로 삼아야 한다고 봐요.

**이성인** | 듣다 보니 중요한 얘깃거리가 들어 있네요. 윤 선생님의 교육철학이랄까 교육목표랄까, 바람직한 사람의 모습이 두 가지거든요. 그 가운데 하나가 스스로 자기 앞가림하는 사람이고, 다른 하나는 남들과 더불어 사는 사람이에요.

**임영님** | '앞가림'이라는 말 속에 '가려낸다'는 뜻이 있는 게 아닐까 하는 생각이 들어요.

**윤구병** | 우리말 '앞 가린다'는 말은 '고른다' '가린다'와 같은 말뿌리에서 나왔어요. '고른다'는 것은 추려낸다는 뜻도 있지만, '골고루 평평하게 만든다'는 뜻도 있어요. '땅을 고른다' '콩은 콩대로 팥은 팥대로 고른다'는 말도 있지만 '평평하게 만든다'는 뜻도 있거든요. '앞을 가린다' '고른다' 하는 것은 자기 앞에 어떤 걸림돌이 있을 때 혹은 자기와 맞서는 것이 있을 때 그것을 '치운다'는 뜻이 있어요. 이것과 저것을 가려본다는 것은 이거는 먹을 것, 저거는 못 먹을 것, 이거는 나한테 삶에 도움이 되는 것, 이것은 도움이 되지 않는 것, 이렇게 가려본다는 뜻도 있지만 자기 앞길을 가로막는 것을, 자기와 맞서는 것을 '치운다'는 뜻도 있거든요.

**최관의** | 말씀대로 '내가 갈 길을 평탄하게 고른다'는 뜻도 있지만 가야 할 길 가면 안 될 길을 가린다는 뜻도 있어요. 분류한다, 선택한다, 뽑는다, 뭐 이런 거. 이오덕 선생님이 '삶을 잃어버린 아이들'이라는 말에서 강조하는 것은 아이들이 스스로 생각하고 결정하고 책임질 기회를 안 주는 세상 흐름이라고 봐요. 내가 지고 가며 견뎌내야 할 건지 아닌지 스스로 결정하고 책임질 기회를 주지 않아요. 그럴 틈을 주지 않고 부모나 선생님들이 미리미리 다 해주는 거예요. 안전사고다, 빨리 공부해야 한다 등등 여러 가지 목적을 가지고 어른들이 자기들 살기 위해서 했던 일을 아이들에게 강요하면서 아이들이 스스로 할 수 있는 기회를 빼앗거든요. 이런 것이 아이들의 생명을 무너지게 하는 굉장히 무서운 결과를 가져온다는 생각이 들어요.

앞가림한다는 말은 내가 먹고 자고 싸고 하는 것을 내 손으로 하고 그다음에 먹을 거 입을 거 잘 거를 만들어내야 한다는 이야기예요. 내 몸에서 나오는 거, 하다못해 똥까지 다 알아서 처리하는 거, 앞을 가린다는 것은 이것저것 먹을 것, 못 먹을 것 가리고 해야 할 일, 해선 안 될 일 가리고 만날 인간, 만나선 안 될 인간 가리고……. 그게, 바로 그게 겪어가는 중요한 과정이라고 봐요. 너무 큰 잘못이 아니라면 그런 과정을 겪으면서 나를 나답게 하는 힘을 갖게 된다고 봐요. 콜롬비아 작가 가브리엘 마르케스가 쓴 자서전《이야기하기 위해 살다》라는 책을 보면 그 또한 그래요. 아이들이 실수를 자유롭게 하고 편안하게 하고 그런 실수를 웃으면서 조금은 여유롭게 다독이면서 받아주는 그런 학교, 그런 세상이 되면 어떨까 싶어요.

## 《멋대로 사전》속 철학 이야기: 더불어 사는 삶

**이성인** | 윤 선생님 말씀에서 자기 앞가림하는 삶은 노동과 연관되는데, 일하며 사는 삶이지요. 남들과 더불어 사는 삶에서 중요한 건 의사소통이에요. 글쓰기나 말하기, 듣기 모두 다른 사람들과 더불어 살려면 꼭 필요하거든요.

**윤구병** | 왜 그러냐 하면 사람은 독수리나 호랑이처럼 혼자서 살 수 있는 생명체가 아니고 떼살이, 군거 생활을 하도록 태어난 생명체이기 때문에 서로 일손도 돕고 함께 살아가려면 서로 말을 주고받으면서 의사소통을 해야 하지요.

공동체를 꾸려 가려면 함께 모여서 이것저것 일도 나누고 몫도 나누면서 살림을 꾸려야 하는데, 이런 떼살이를 가장 높은 수준으로 발전시킨 생명체를 베르그송(Henri-Louis Bergson)은 둘로 봐요. 하나는 막시류라고 불리는 개미와 벌이고, 다른 하나는 사람이라고 했어요. 함께 모여 살지 않으면 살아남을 수 없는 개미나 벌과 마찬가지로 사람도 여럿이 모여서 떼살이를 하면서 살림을 일구는 생명체라는 거지요.

인류 역사를 살펴보면 갈림길이 나타나요. 사람들이 농사를 짓기 시작하면서 먹고 남은 곡식이 생겨요. 이렇게 되면서 생산에 종사하지 않고 도시에 모여 살면서 조정 기능을 맡아서 하는 사람들이 나타나는데, 이를 정치 용어로 말하면 잉여생산이 늘어나면서 머리만 쓰는 사람과 생산하는 사람이 따로 나뉘었다고 해요. 이렇게 되면서 도시와 농촌의 분화가 일어나요. 말하자면 마을공동체와 도시라는 이익공동체가 나타나는데, 이를 독일어로는 게마인샤프트

(Gemeinschaft)와 게젤샤프트(Gesellschaft)라고 해요.

게마인샤프트, 즉 시골 마을에 사는 사람들은 사람끼리만 모여서 삶의 문제를 해결하는 게, 살림하는 게 아니에요. 뭇산이들, 식물과 동물뿐 아니라 미생물까지 포함한 여러 생명체들이 한데 모여 사는 삶이에요. 우리는 이를 자연 또는 생태계라고 해요. 자연과 함께 더 불어 살려면 서로 주고받는 것이 있어야, 서로 연계 관계가 있어야 해요. 사람은 자연에서 살아가는 데 필요한 것을 얻기 때문에 시골 마을에 사는 사람들은 뭇산이, 그러니까 다른 생명공동체의 일원들과 긴밀한 연관 관계를 맺을 수밖에 없어요. 채취를 하든, 수렵을 하든, 농사를 짓든 다른 생명체들과 어울려 살 수밖에 없어요. 농촌 사람들은 자연에 기대지만 기생하는 것만은 아니에요. 씨앗 가운데 서 좋은 것을 골라서 논밭에 뿌리고 새끼 가운데에서 튼튼한 것을 고르고 개량해요. 벼나 보리는 자연에서 거둬들인 것이지만 사람이 없으면 그렇게 튼튼하게 살아남을 수 없어요. 시골에 사는 사람들은 자연에 기댈 뿐만 아니라 자연에 베푸는 것이, 보살피는 것이 있다는 거지요. 따라서 시골에서는 사람과 자연의 관계가 일차적인 관계가 돼요. 그리고 자연에서 이것저것을 얻으려면 혼자서는 얻을 길이 없으니까, 여러 사람이 힘을 모아야 하니까 사람들이 모여서 두레를 하거나 품앗이를 하면서 같이 한 마을에 뭉쳐서 살게 돼요.

그런데 도시에서 살게 되면 자연은 필요가 없어져요. 기대는 곳이 자연이 아니에요. 실제로 기대는 곳은 자연이지만 그것은 간접으로 드러날 뿐이지요. 사람끼리만 기대는데, 그것을 우리는 게젤샤프트, 이익사회라고 해요. 내가 이 사람한테 기대면 나한테, 나

사는 데 보탬이 될까? 이런 것에 대해서 아주 민감하게 따질 수밖에 없어요. 사람이 사람에게 기대 살아야 하는 세상이기 때문에 기댈 곳을 찾아서 이리 갔다, 저리 갔다 하면서 살 수밖에 없어요. 어느 패거리에 끼느냐에 따라 살고 죽는 일이 결정되는 까닭에 제각기 살길을 찾아 패거리를 짓게 되지요. 말하자면 도시에서는 사람과 사람의 관계가 일차적인 관계라는 거예요.

**이성인** | 앞가림하는 것과 더불어 사는 삶은 어떤 관련이 있을까요?

**윤구병** | 제 앞가림하는 것은 삶이고 더 나아가 나도 살고 남도 살게 하는 것은 살림이에요.

**이영근** | 그러니까 선생님 교육철학의 알맹이는 삶과 살림이네요. 내 앞가림하는 삶과 나도 살고 너도 살게 하는 살림.

**윤구병** | '살다'에서 '살리다'라는 말이 나왔는데, 어떤 면에서는 살림이 더 앞설 수도 있어요. 제 앞가림을 하는 것은 먼저 자기 살길을 찾는다는 거고, 그다음에 여럿이 어우러져서 산다는 것은 함께 살길을 찾는다, 살림할 길을 찾는다, 죽임이 아니라, '너 죽고 나 죽자'가 아니라, '너도 살고 나도 살자'라고 할 수 있어요.

**이성인** | 선생님이 변산공동체학교를 시작할 때 목표 삼은 게 도시와 농촌이 서로 보탬이 되는 삶이었어요. 이를테면 유기농 농산물은 생산성이 낮아서 일반 농산물보다 비쌀 수밖에 없는데, 좀 비싸더라도 도시 사람들이 사주자는 거였지요.

**최관의** | 그런데 도시 사람들도 손해 보는 게 아니에요. 너도 살고 나도 살고 자연도 살릴 수 있으니까요.

**윤구병** | 도시 사람들은 농민들이 화학비료와 농약 안 쓰고 농사 지으려면 얼마나 힘든지 알아야 해요. 그래서 땅도 살리고 농사짓는 사람도 살리도록 소비자들이 건강하게 농사지은 걸 소비해서 그렇게 살 수 있는 길을 열어줘야 해요. 유기농 농사를 짓는 사람들도 착한 사람들이지만, 한살림이나 아이쿱 협동조합을 하는 도시 사람들도 착한 사람들이에요. 도시에 살면서, 덫에 갇혀 살면서도 어떻게든지 이 덫에서 벗어나려고 애쓰는 갸륵한 사람들이 무척 많아요.

**김정순** | 꼭 농사를 짓지 않아도 도시에 살면서도 자기 것을 나누는 사람들도 많잖아요. 덫에 갇혀 살면서도 벗어나려 애쓰는 사람들이 많아요.

**윤구병** | 우리가 이런 사람들을 '깨어 있는 시민'이라고 하는데, 깨어 있는 바탕이 사실은 다른 사람들보다 조금 더 누리고 살기 때문이라는 거예요. 아예 없는 사람들은 그것도 못 해요. 그런 점이 큰 걸림돌이에요. 촛불혁명도 사실은 중산층 중심이거든요. 여유가 있는 사람들이 촛불을 들고 나선 거예요. 그런데 이제 앞으로 압박이 계속되면 횃불이 아니면 안 될 거예요. 모든 것을 불사르겠다는 사람들이 나타날 거예요. 맨 밑바닥에서부터.《서경》에 '시일해상, 여급여해망(時日害喪 予及女偕亡)'이라는 말이 있는데 '이 해는 언제 떨어지나. 너와 내가 모두 함께 죽자'는 뜻이거든요. 사람들이 그렇게 절망에 빠지면 불 싸지르고, 만드는 손으로 다 망가뜨리게 되거든요.

**최관의** | 지금 말씀하시는 것은 더불어 사는 것, 자연과 더불어 먹고 사는 것에 관한 이야기거든요. 농촌과 농업, 먹고 사는 것, 생산과 관련이 있어요. 조금 결이 다르기는 한데, 공동체에서 거두어주

지 않으면 살 수 없는 사람, 장애인이나 아이들 이야기를 조금 더 해주시면 어떨까요?

**윤구병** ǀ 정도의 차이는 있지만 사실 따지고 보면 장애인이 아닌 사람이 없어요. 이 가운데 극단의 예를 들면 장애인 가운데는 한 사람을 돌보려면 다른 사람이 하루 종일 붙어 있어야 하는 중증 장애인이 있어요. 어찌 보면 이런 생각을 할 수 있지요. 내 삶을 전부 포기하고 중증 장애인을 돌봐야 하는 게 맞느냐, 내가 살아야 다른 사람도 돌볼 수 있는 거 아니냐 하는 생각을 할 수 있지요. 그런데 내가 먼저 살아야 다른 사람도 살릴 수 있다는 생각은 더불어 사는 삶과는 많이 동떨어져 있는 셈이지요. 서로 돌보면서 산다는 것은 막시류나 인간처럼, 떼살이하는 생명체에게는 거의 본능과 다름없어요. 보살핌 속에서 삶의 보람이나 가치를 느끼는 것, 이타심도 이기심과 마찬가지로 본능이라고 볼 수 있어요.

그래서 나는 처음 변산공동체를 함께 만들면서 스스로 앞가림이 안 되는 사람들을 힘닿는 데까지 받아들여서 함께 살자고 했어요. 그렇게 한 데는 까닭이 있어요. 우리가 장애인과 함께 더불어 살면서 스스로 정상이라고 생각하는 사람이 배우고 깨닫는 게 많거든요. 장애가 없는 사람들끼리만 모여 사는 것보다 함께 사는 삶이 훨씬 더 풍요로워진다고 믿어요.

## 삶에서 길어 올린 우리말

**이영근** ǀ 윤 선생님은 이 책을 쓰실 때 누가 읽으면 좋겠다고 생각하셨는지요?

**윤구병** | 누구라도 좋아요. 그냥 읽고 싶은 사람이 읽으면 돼요.

**박종호** | 말을 배우고 자기 말을 찾아가는 청소년들이 많이 읽으면 좋겠어요. 그래서 저마다 자기 삶에서 길어낸 '제멋대로 사전'을 만들어 간다면 더없이 좋지 않을까 싶어요.

**문지우** | 이 책은 어떤 때를 마무리하고 새로운 때를 시작하는 사람들이 보면 좋겠어요. 고등학교나 대학교 졸업, 퇴직이나 이직, 자녀를 결혼시키는 것처럼 큰일을 마친 시기예요. 그때 가만히 앉아서 지나온 날을 되돌아보면서 중요한 낱말 사전을 만드는 거예요. 학창 시절 낱말이 다르고 퇴직할 때 낱말이 다를 거 같아요. 그렇게 써 놓고 5년 뒤 생각해 보면 또 내가 느끼는 내 마음에 남는 낱말들이 다를 것 같아요.

**임영님** | 제가 알고 지내는 그림 그리는 사람이 있거든요. 이 책을 그 사람에게 주고 싶다, 그 사람이 읽고 그림으로 표현하면 정말 좋겠다는 생각이 들었어요.

**최관의** | 어떤 낱말 뜻풀이는 읽을 때 처음부터 쭈욱 빨려 들어가요. 그건 이야기하듯 쓴 글이 그래요. 어떤 것은 걸리적거리는 것이, 멈칫거리고 읽히지 않는 것이 있는데, 뭐냐 하면 어원, 말뿌리를 밝힌 부분이더라고요. 아무래도 말뿌리 찾는 부분은 머뭇거리고 막힐 거라는 생각이 들어요. 예를 들면 '돌다'라는 낱말 풀이에서는 말꼬리를 물고 훨훨 날아가는 부분은 술술 읽힐 거라는 생각이 들어요. 하지만 이 낱말에서도 말뿌리를 찾는 몇 군데는 아이들에게 어려울 거예요. 교사가 이 책을 읽고 아이들 수준에 맞게 만들어 수업한다

면 재미있고 뜻깊은 수업이 될 거라고 봐요.

**이성인** | 이 책은 우리말에 관한 책이지만, 지식을 넓혀주는 책이라기보다는 상상력을 넓혀주는 책이라고 볼 수 있어요.

**박종호** | 상상력을 넓혀준다는 것보다는 상상력을 북돋워준다고 하는 게 낫지 않을까요? 넓혀준다는 건 막 억지로 잡아당기는 느낌이 들어서요.

**최관의** | 상상력을 넓혀준다, 북돋고 키운다는 건 자기가 가지고 있던 지식, 배운 것이 굳어 있거나 가라앉아 있다가 꿈틀꿈틀 살아나도록 생명력을 키워주는 것이라고 봐요. 《멋대로 사전》이 가지고 있는 흐름이 있어요. 이 흐름이 움츠러들고 굳어 있던 지식과 생각을 툭툭 건드려 꿈틀꿈틀 움직이게 하고 결국 훨훨 자유롭게 날아다니게 하거든요. 또 하나는 자연에 관한 생각을 바꿔줘요. 사람들끼리 어울려 살다 보면 사람이 자연의 일부라는 걸 깜빡 잊고 살거든요. 정신 줄을 놓는 거지요. 이렇게 어긋난 생각이 다시 제자리를 찾도록 해요. 생태계나 우주에 대한 생각, 이런 걸 떠올려서 우리가 다시 자연 속으로, 제자리로 돌아가도록, 자기 자리를 찾을 수 있도록 해줘요.

**문지우** | 글을 읽으면 왜 이렇게 내 이야기를 하고 싶은지 모르겠어요. 딴지를 걸고 싶다기보다는 "아니, 나는 이렇게 생각해" 하며 자꾸 말하고 싶어요.

**이영근** | 책을 읽다 보면 때로는 책 속 낱말로 윤 선생님과 생각을 나누며 말을 주고받는 것 같아요. 사전 속 낱말 뜻풀이에 보태서 선생님께 여쭤보는 것 같기도 하고…….

**최관의** | 윤구병 선생님이 '얼굴'이라는 낱말의 뿌리를 이야기하는 부분을 읽다 보면 생각이 꾸물꾸물 막 솟아올라요. 봄날 새싹 올라오듯이. '얼굴' 낱말 풀이 흐름이 생각을 건드리고 생명을 북돋워 줘요. 생각이 날개를 달고 그동안 막고 있던 내 안의 틀이나 담장을 자유롭게 넘나들면서 날아다니기 시작해요. 조금 더 자유로워지는 나를 느껴요. 이렇게 보면 말의 뿌리가 중요한 게 아니라 말뿌리를 찾아가는, 조금은 어려운 그 과정에 사람으로 하여금 생각의 폭을 넓고 깊게 하는 그런 힘이 있다고 봐요.

**이성인** | 이미 정해져 있는 어떤 학설을 따르기보다는 다른 각도에서 보는 것, 사물을 남이 보라는 대로 보는 게 아니라 이리저리 돌려 보고 궁리하면서 새롭게 보는 태도가 중요해요.

**최관의** | 사물을 다르게 보고 새로운 눈으로 본다는 건 철학을 하는 거라고 할 수 있지요.

**이영근** | 저는 이 책을 읽으면서 글의 아름다움을 흠뻑 느꼈어요. 낱말 하나하나에 담긴 선생님의 삶과 철학 그리고 현재 사회를 바라보는 눈, 가치관에 공감해요. 또 이따금 나오는 우스갯소리는 읽는 재미를 더해 주고요. 정말 이 《멋대로 사전》은 기존 사전과는 완전히 다른 사전이에요.

**최관의** | 기존 사전에 대한 고정관념을 깨는 사전이기 때문에 아이들에게 '나도 사전을 만들 수 있다'는 생각을 하게 만들어요. 선생님들이 먼저 이 책을 읽은 다음 아이들이 저마다 떠오르는 생각을 가지고 상상을 펼쳐 '나만의 사전' '나대로 사전'을 만들 수 있게 도와준다면, 한창 성장기에 있는 아이들이 자기 모습과 생각을 조

금씩 드러내게 하는 구실을 하지 않을까요? 그렇게 보면《멋대로 사전》은 국어 공부로 끝나지 않고 아이들이 '나'를 찾고 나답게 살아가는 길을 찾는 데 중요한 구실을 할 수 있겠다 싶어요. 우리 선생님들이 좀 더 영역을 넓히고 상상력을 보태 가면 좋겠어요.

이야기 나눈 사람들

윤구병 선생님과《멋대로 사전》이야기를 나눈 사람들은 달마다 윤 선생님과 함께 우리말을 공부하는 모임 회원들입니다. 윤 선생님이 원고를 처음 보여주신 2021년 5월부터 낱말 하나하나 살피며 공부했습니다. 이야기를 나눌수록 생각이 꿈틀거려, 그 이야기를 안주 삼아 한잔 곁들이며 즐겁게 공부하고 있습니다.

# 우리말 백 마디 멋대로 사전

2022년 8월 20일 1판 1쇄 발행 | 2023년 5월 30일 1판 3쇄 발행

**글쓴이** 윤구병 | **엮은이** 이성인
**편집** 김로미, 박은아, 이경희, 이영근, 임헌, 한재경 | **교정** 김성재
**디자인** 한아람 | **제작** 심준엽
**영업** 나길훈, 안명선, 양병희, 조진향 | **독자 사업(잡지)** 김빛나래, 정영지
**새사업팀** 조서연 | **경영 지원** 신종호, 임혜정, 한선희
**인쇄와 제본** 상지사P&B

**펴낸이** 유문숙 | **펴낸 곳** ㈜도서출판 보리
**출판등록** 1991년 8월 6일 제9-279호
**주소** (10881) 경기도 파주시 직지길 492
**전화** 031-955-3535 | **전송** 031-950-9501
**누리집** www.boribook.com | **전자우편** bori@boribook.com

ISBN 979-11-6314-252-2 03710